斯坦福精准社交课

让怕生的人更成功

〔日〕竹下隆一郎 著

沈英莉 译

时代文艺出版社

图书在版编目（CIP）数据

斯坦福精准社交课 /（日）竹下隆一郎著；沈英莉
译 . -- 长春：时代文艺出版社，2020.12（2021.6 重印）

ISBN 978-7-5387-6528-1

Ⅰ . ①斯… Ⅱ . ①竹… ②沈… Ⅲ . ①社会交往－通
俗读物 Ⅳ . ① C912.3-49

中国版本图书馆 CIP 数据核字 (2020) 第 210872 号

出 品 人　陈　琛
责任编辑　王　峰
监　　制　黄 利 万 夏
特约编辑　路思维
营销支持　曹莉丽
版权支持　王秀荣
装帧设计　紫图图书 ZITO®

「内向的な人のためのスタンフォード流　ピンポイント人脈術」（竹下隆一郎）
NAIKOTEKINAHITO NO TAMENO STANFORD RYU PIN POINT JINMYAKU JUTSU
Copyright © 2019 by Ryan Takeshita
Illustrations © by Yuji Kobayashi
Original Japanese edition published by Discover 21, Inc., Tokyo, Japan
Simplified Chinese edition published by arrangement with Discover 21, Inc. through
Japan Creative Agency Inc., Tokyo.
吉林省版权局著作权合同登记 图字：07-2020-0098号

斯坦福精准社交课

[日]竹下隆一郎　著　沈英莉　译

出版发行 / 时代文艺出版社
地址 / 长春市福祉大路5788号　龙腾国际大厦A座15层　邮编 / 130118
总编办 / 0431-81629751　发行部 / 0431-81629755
官方微博 / weibo.com / tlapress　天猫旗舰店 / sdwycbsgf.tmall.com
印刷 / 天津中印联印务有限公司
开本 / 880毫米×1230毫米　1 / 32　字数 / 130千字　印张 / 7.5
版次 / 2020年12月第1版　印次 / 2021年6月第2次印刷　定价 / 49.90元

图书如有印装错误　请寄回印厂调换

时代已经抛弃了"社交狂人"

我天生就极度不爱交际，并一度为此苦恼不已。

比如我很不情愿参加朋友的婚礼，特别不想换西装。一想到换上领带和白衬衫就意味着要和人打交道，要跟会场上形形色色的人尬聊，我就根本不想脱掉身上的 T 恤和短裤。

但是，人家好意邀请，我又怎么好意思不去呢？于是我连衣服都没换就去了，然后默默地在大堂等着，等到婚礼结束，朋友从会场出来，我私下向他表达了我的祝福，之后就回家了。

我还顺便跟朋友的父母打了个招呼，以前见过几面的，但是我明显地看到他们一脸不高兴的样子。现在想起来，真是丢人丢到家了。

每次我提起这件事，别人都会问我："你这么孤僻吗？"

其实在读大学的时候，我一个月也会参加三四次联谊活动。在别人眼里，我也算是交际型人格了。可是，我的热情仅限于交友而已，那些活动从来都不是我发自内心想去的。

我是典型的"喜欢一个人待着"的内向型人格。从学生时代起，我就喜欢待在房间里，也不出门，一个人安静地看书；即使外出，我也是一个人在街头漫无目的地转悠，独自思索。

由于这样的性格，再加上我想从事与文字相关的工作，所以大学毕业后，我选择进入朝日新闻社，成为一名记者。

然而，造化弄人的是：一名记者的工作内容完全仰仗于和人打交道。从获得诺贝尔奖的世界名人到杀人案件的小道消息，再到突然前来造访的普通市民，做采访，最关键的要素就是——人。

在长达十四年的报社记者生涯里，我曾和几千人共同度过了相当宝贵的时光，做了大量的采访。

即便如此，在社交的问题上，我依然做不到游刃有余。

2016 年，我从朝日新闻社离职，入职一家叫"《赫芬顿邮报》日本版"的新闻媒体网站，担任主编。之所以从坐拥四千五百名员工的朝日新闻社来到这家规模不到三十人的公司，也是考虑到我不喜欢和人打交道的原因。

虽然在网站当主编和之前当记者一样，都需要维系人际关系，但让我没想到的是，在这里工作对社交能力的要求实则更高。

平常的人物专访和公司走访都离不开社交。比如一些职场属性极强的"人际关系拓展聚会"——就是各行各业的人聚集在一起，互相交换名片、引荐介绍，这些对于媒体人来说都是非常重要的场合。

但是，无论和眼前的陌生人如何谈笑风生，我们谈话的内容总是如同蜻蜓点水，令人印象不深。虽然我已经反复提醒自己要下功夫维护人际关系，但我对此总是心不在焉，只想着早点回家泡澡，或者去便利店买瓶威士忌苏打水这样的事情。

然而，**在媒体行业总有一些大神，我称之为"社交狂**

人"。我认识的一家媒体的主编，名片夹塞得鼓鼓的，他会同碰面的企业家和广告代理商聊个遍，聚会结束之后还要去别的店继续喝酒，进行私人聚会。半夜一点，他还在社交平台上面发布了一条状态——一群人醉倒在卡拉 OK 厅。

另外，我还听说，有一名记者前辈准备了一个牌子，上面用特别大的字写着自己的名字，然后挂着这个牌子频繁地和警察署交涉，目的就是把自己的名字推销出去，和他们搞好关系，以便日后得到源源不断的内部消息。其实不光是媒体行业，在任何商业场合，像这样的社交达人早就让人见怪不怪了，不是吗？

每天晚上都安排聚会的人，向面前的每一个人逐一分发名片的人，一个不落地对接着上司给过来的名册的人，还有单方面攀附名人的人，比比皆是。面对他们，我自愧不如，不由得发出"太厉害了吧"的感叹。

我为此焦躁不安，总是提醒自己：一定要想办法克服不善交际的弱点！一定要提高社交能力！

可惜，我自始至终都克服不了。

不过，我最近发现："社交狂人"其实已经不适应时代发展潮流了。我观察到的两个变化可以证明这一观点。

4

第一，随着各种社交平台的发展，个人即使不依赖组织也能找到关键人物，构建自己的社交网络。

以前的"社交狂人"要和很多人吃饭、打高尔夫，花时间去获取对方的信任，然后经过他们的引荐，才有可能接触真正要见的人。

而且以前很难判断谁和谁是互相认识的，从外部来看，人脉是不透明的，经常是从对方不经意的一句话中获取关系网的线索。我认识的一个广告代理店的营业部长，他为了套取一句关键的话，甚至会陪喝到大半夜，直到最后只能坐末班车回家。

但是现在，只需通过各种社交平台的消息功能或私信功能，就可以直接联络到要见的人。在一些平台上面，每个人好友一栏的关系网一览无余，不必大费周折就可以接触到目标人物。

第二，随着互联网的盛行和高科技的发展，个体的力量被迅速放大。

比如说，在以往的商业活动当中，开发新产品不仅需要技术部门和市场部门，营业部门和广告部门也要共同参与，还要和各个层级的上司、客户疏通关系，反复协调——以前就是这样，要推进工作就不得不调用大量的人际关系。

尽管现在也依然遵循这样的逻辑，但是只要有社交平台的账号，不必动用媒体也能开展宣传活动，还可以采用众筹的方式募集资金。此外，随着副业的兴起，把自己擅长的两三个领域的资源、能力转换成职业的，也大有人在了。

也就是说，不必费力和一大堆人维持关系，仅仅是一个人，或者由少数几个人组成的团队，就能把工作做好。

时代的确正在发生着惊人的变化。

因此，**与其把自己打造成"社交狂人"，不如用心去维护同少数几个重要人物的深度关系**。如此一来，我们的工作和生活都会充满乐趣，社会的整体效能也会相应地提升。

这种只和必要的人往来的社交形式，我称之为"精准社交"。

我天生不爱与人打交道，这个毛病是无论如何都改不掉的了。

但是，即便是像我这样喜欢独处的"内向者"，也会有几个喜欢的人。而且正是因为独处的时间比较长，内向的人通常能从直觉上判断出自己喜欢的人，即使不擅长社交，

"社交狂人"的时代终结了

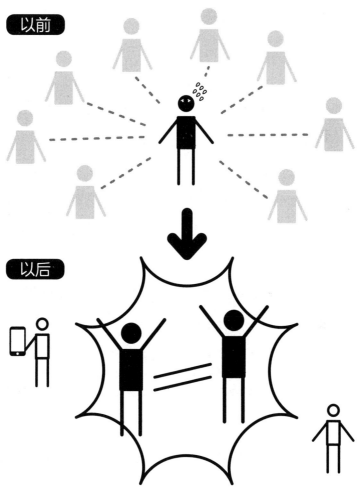

放弃海量资源，连接精准个体

也能和少数几个人保持友好往来。

值得一提的是，在当今时代，不光是外部的交往，家庭内部的交往也变得越来越重要。

在传统的报社和通讯社，女性记者一般占 20% 左右，但是我所在的《赫芬顿邮报》，女性占比达到了 50%。而且，无论是女性职员还是男性职员，都在努力平衡工作和家庭之间的关系。

在媒体行业，超长时间地工作已经成为行业共识，为此，我们需要重新审视以往的工作、生活以及人际交往方式，不仅是对于记者和编辑，对商务部门和技术部门来说也是如此。

我在家里的时候，会和家人沟通交流，也会一个人静静地待着，珍惜完全属于自己的时间。

其实，不善于交际也不是件坏事。

虽然社交软件的普及使我能够联系到任何人，但我同时也有不联系任何人的自由。

对于社交，我的看法是：与其追逐虚伪的表面，不如探寻自己的内在。

只和有限的喜欢的人交往，这样的做法是完全可行的。对此，我深信不疑。

我三十来岁时在美国斯坦福大学留学，在那里接触的待人接物方式和日本颇有差异，"精准社交"的思维方式对当时的我产生了深远的影响。

本书的第一章将首先对"为什么内向者可以运用精准社交法则大放异彩"进行详细说明。

在第二章，我将介绍从斯坦福学到的七条精准社交法则；第三章，我将讲解精准社交法则在商务场合的应用和三大优势；最后的第四章为实践篇，谈谈怎么深入了解你应该结交的"喜欢的人"，如何与之展开交流，如何运用精准社交打造一个团队。

兴趣相投的人、发自内心喜欢的人，和这样的人才能建立起深度关系。

最后，看完书的你如果有"对，我就是想和那个人结交"这样的想法，我将不胜欣喜。

目 录

CONTENTS

第1章

内向者将大放异彩
精准社交时代来临

第2章

给内向者的七条
"斯坦福派"社交法则

第3章

精准社交法则的三大优势

第4章

实践篇 运用精准社交法则组建团队的三个步骤

第1章

内向者
将大放异彩
精准社交时代
来临

通过互联网和一台台电脑，当事人随意发起的某个事项立即就会直接成为互联网上的一项活动。也就是说，只要地球上的两台电脑连接上了，它们就有可能当场自由地发起一项全新的活动。

村井纯①《互联网》

---

① 村井纯：1955 年出生在日本东京，日本庆应义塾大学环境信息系教授，日本计算机研究的先驱，被誉为"日本互联网之父"。——译注

 **PINPOINT**

现代四大潮流：
人际关系"倒三角"化、
超级个体的出现、
信息交换的高速化、
居家方式的变革

　　由我担任主编的《赫芬顿邮报》创办于纽约，是一家面向全世界十多个国家的网络新闻媒体，仅在日本国内，每月就有二百万人浏览，上面的新闻会一天二十四小时不断更新。

　　我们将报道的重点放在人们的工作情况、女性问题、

LGBTQ^①问题、海外文化与日本本土文化的差异等，在取材过程中，我们努力地接触多样化的人群。

作为主编的我，在过着繁忙生活的同时，也在努力维持着工作与自己内向型性格之间的平衡关系，在这个过程中，我注意到了世界上的"某个变化"。

正如前言中所提到的那样，比起以前，作为个体，如今人们不再只依赖个人头衔和地位，在打造人际关系方面变得更加简单易行了。不仅如此，受到社交媒体的影响，当今社会已然进入了"即使你不想与他人有所关联也会产生联系"的时代。

对于"社交狂人"来说，这种改变似乎更是如鱼得水。他们性格外向，能够很快结交到任何人，从而不断扩大自己的交际圈，使他们看起来很有能力。

那么，为什么我们还要说"当今是内向者大放异彩的时代"呢？

"精准社交"又是什么？

---

① LGBTQ：其中，L 指女同性恋者（Lesbian），G 指男同性恋者（Gay），B 指双性恋者（Bisexual），T 指跨性别者（Transgender），Q 指酷儿（Queer）。　　　　　　　　　　　　——译注

只结交自己喜欢的人，真的能够顺利开展工作吗？

针对这样的疑问，我将在第一章中详细说明。

首先来回答"为什么在当今时代，不是那些社交狂人，而是内向的人将会大放异彩？"这一问题。在此之前，我想先谈谈日本社会正在发生的四个潮流趋势。这四个潮流的关键词是：

（1）人际关系"倒三角"化

（2）超级个体的出现

（3）信息交换的高速化

（4）居家方式的变革

下面我将按顺序加以说明。

PINPOINT

潮流①
人际关系"倒三角"化

信息并非向高层聚集，
而是向"现场人员"聚集

我们先来说人际关系的"倒三角"化。

"倒三角"化这一概念是由经济咨询师冈岛悦子女士提出的，她曾在美国哈佛大学留学，供职于三菱商事和麦肯锡等大公司。

在她的著作《四十岁当上社长》（*NewsPicks Book*）中，

冈岛悦子女士曾引用哈佛商学院林达希尔教授的话，多次使用"逆转领导权"一词。这个关键词总结了持续引发全球性技术革新的前二百强公司之中，最具代表性的十二家公司所体现出来的特征。

冈岛女士说，一直以来，在组织当中，位于金字塔最顶端的是领导，他们从与客户关系更近的现场从业人员那里获得信息，用他们具有绝对优势的视角去展望和推动公司的事业发展。

而今后则相反。**领导权的构图将发生改变，距离客户最近的现场从业人员一边与顾客进行对话交流，一边满足顾客的需求，而领导者需要根据顾客需求做出决策。**

也就是说，这种方式颠覆了一直以来领导、现场工作人员和顾客之间的位置关系。冈岛女士将之称为"倒三角"化。

我认为，不仅在组织层面上，在个人人际关系的打造上，也发生了同样的结构逆转。

举个例子，请您想象下面的对话。

某饮料生产公司负责市场调查以及企划宣传的部长正

在为新产品的宣传工作而烦恼。为了向年轻人宣传一种新茶，该公司计划选择一家从来没有合作过的企业联手开展宣传活动，但这位部长想不出合适的合作单位。

这位部长在市场开发和宣传业界已经有近三十年的从业经验了。

于是，他充分利用一直以来培养的人际关系，翻出旧名片，频繁和业界关键人物喝酒、吃饭、打高尔夫，试图找到能够合作的单位。

他也翻遍了从前任部长那里继承的"业界名人名单"，希望能得到好的建议，可是反馈回来的都是老套的思路。他的内心愈发不安，担心如果这样下去，自己会让领导失望，自己的事业恐怕也会就此停滞不前……

正当他毫无头绪之时，一个年轻的下属拿着智能手机说道："我和这个人有联系。"

一看手机屏幕上的头像和简历，对方竟是某大型汽车公司的高层领导，屏幕上显示的是他个人社交网站的主页。点击滑动手机屏幕，能够看到对方分享了许多和其他企业合作举办活动时的照片和信息，看得出来，这是个非常了得的重要人物。

部长极为吃惊，于是询问下属："你很厉害啊！你怎么会认识他这样的人？快点介绍给我见见。"

没错，这位年轻的下属打造了连部长也惊讶不已的"精准社交"。

然而令人遗憾的是，**在传统金字塔形组织构造当中，处于底层的年轻职员很少能够将自己的创意传达到处于金字塔顶端的管理层，这就是传统组织的现状。**

一直以来，人们打造人际关系的方式主要是"大人物"和"大人物"之间依靠职位来联系，包括公司董事之间结成的经济团体、高尔夫俱乐部会员的聚会以及来自上司的交接引荐等。

但身处当今时代，让人意想不到的是，"年轻人"竟能与"大人物"建立联系，而且这种情况越来越常见，这在以前是无法想象的。

逆转的领导权

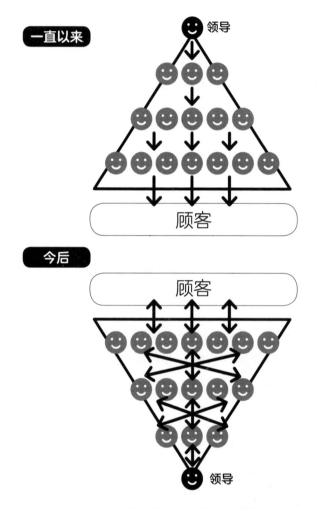

一直以来

领导

顾客

今后

顾客

领导

（本书作者参考冈岛悦子的著作《四十岁当上社长》
中逆转的领导权章节制作了该图）

比起多数时间都待在公司里的董事们，年轻职员们精力旺盛、有活力，他们与客户直接接触，能够遇到各种各样的人，极有可能掌握最新的信息。正因为如此，他们也能轻松地想到全新的点子。不过，虽然他们能想到有利信息，但这些信息却只是停留在金字塔形组织结构的最下方，这是目前日本企业需要解决的课题。

"头衔障碍"日渐消失，
抓住倒三角形人际关系时代的动向

刚刚讲的是我一个熟人身上真实发生的故事。那位朋友三十多岁，是某饮品公司的职员，在市场数据调查过程中与某大型汽车公司的领导结识，两人通过脸书保持联系，日渐熟识。

事实的确如此，在现在这个时代，企业的关键人物每天都会开展活动，毫不吝啬地分享自己的心得。来参加活动的都是来自不同领域的各种各样的人，**在会场上，你不**

必拘泥于头衔，能和任何人进行友好交谈、增进彼此的关系。

我的这位熟人在公司里并不是一个多么突出的存在，他个性内向，也不去参加同事们的饮酒聚会，甚至听说，在去拜访客户时，他还因为过度紧张影响了发挥，没能很好地表达自己的想法。

然而，让人感到不可思议的是，这样的他竟能与那位汽车制造公司的领导十分投缘，得到了对方的很多指导。

话说回来，为什么这位汽车公司的领导会去参加这种不同行业的年轻职员也会出席的活动呢？

碰巧这位领导也是我的熟人，于是我就此事向他进行了详细的询问。

据说他是在两年前开始积极地结识行业外的年轻人，这是因为他意识到"MaaS"的重要性。所谓 MaaS，是一种未来会出现的移动服务方式，使用者本身没有车，但可根据自己的需求，通过移动服务平台选择包括公交车和无轨电车在内的公共交通工具。

不久的将来，可能不再需要司机，由机器人驾驶的"自动汽车"将会行驶在马路上。人们足不出户，躺在家中，只需用手机等智能终端输入目的地，自动汽车就能前来接上我们。MaaS 就是这位熟人在倾听关于未来世界的展望时听到的词汇。

进入自动驾驶汽车时代后，因为无须再握住方向盘，人们的双手得到了解放，车内空间就演变成人们饮茶、观影和工作的空间。这样一来，汽车生产厂家就需要与不同行业的人士通力合作去开展业务。

他正是因为看到了这样的发展趋势，所以才经常与其他行业的年轻人会面。

就这样，在所有的业务都要跨越行业界限谋求发展的现代，组织的金字塔形结构倒转过来，人际关系也变得错综复杂，人们的交流变得更具活力。

不受"横向·纵向"局限的人际关系，为你的业务提速

然而，现状是大企业往往忽略了人际关系的这种"倒三角形"变化。

某大型汽车制造商的 CEO 在接受经济杂志《总裁在线》（*President Online*）专访时做过如下发言：

"最近，有的年轻职员感觉自己无法和直属上司沟通时，会直接越级与上面的部长和执行董事沟通。这样一来秩序就会混乱，是很不好的。"

这段发言受到了包括我在内的众多网友的攻击，还有许多读者对这段发言表示不解。

这家汽车制造商曾经是知名汽车企业，但近年频繁陷入"隐瞒召回"和"油耗造假"等丑闻中。

究其原因，我认为这是一种"大企业病"，员工过度观察领导脸色，无法指出存在的违规问题，以至于企业不能

迎接新挑战，原地踏步，裹足不前。

也有人认为这位 CEO 的发言很不合时宜，或许是觉得他那句"不能越过直属领导直接反映情况"的发言太过落后于时代吧。

年轻职员会想到新的创意，也会发现组织内部的不合理现象。就如刚刚提到的那样，作为与客户接触的终端，年轻员工实际上能收集到更多的信息，甚至有时会与某些行业的关键人物建立联系。

在发现某些重要信息，向直属领导汇报却得不到解决的时候，去向更上一级的领导汇报，这在风投企业和 IT 企业是常有的事。

如果否定这些有活力、有柔性的工作方式，而过于看重"企业内的秩序"，那么长此以往，日本的大企业将永远不会有所改变。

顺便提一句，在接受采访的过程中，该 CEO 对于给坐在邻座的人发送信息的年轻 IT 从业人员也发表了批判性的言论。

这位 CEO 认为，"发送信息看不到对方的脸色和表情，是种单向交流沟通方式，会让人际关系变疏远。"

对于这种发言，我也不赞同。

平时，我和员工沟通交流的时候使用一种名叫 Slack①的工具。Slack 是一种类似 LINE② 的在线服务，不仅能够通过智能手机相互发送工作消息和电子文件，而且针对评论也能使用表情进行回复；可以针对每个项目创建不同的群，也可以将非本公司的人邀请进来。

我觉得**比起直接见面交流，频繁使用这样的工具，更能培养出复杂而深厚的人际关系。**

公司职员与同事、领导，甚至采访对象与采访对象之间，都会产生各种形态的联系，在这种像蛛网一般的人际关系中，可以说已经无法分清彼此之间有着什么样的联系。

---

① Slack：聊天群组 + 大规模工具集成 + 文件整合 + 统一搜索。截至 2014 年底，Slack 已经整合了电子邮件、短信、Google Drives、Twitter、Trello、Asana、GitHub 等六十五种工具和服务，可以把各种碎片化的企业沟通和协作集中到一起。
② LINE：韩国互联网集团 NHN 的日本子公司 NHN Japan 推出的一款即时通信软件。　　　　　　　　　　　　——译注

这不正是当今世界最真实的状态吗？

　　首先我们有必要清楚地了解，这种"倒三角形"的人际关系正在社会上不断地普及、扩展。

　　总的来说，像以往的"社交狂人"那样以大人物们为目标、努力接近对方、建立联系的做法，其意义已经变得不那么重要了。比起"社交狂人"的做法，在当今社会，<mark>与随缘邂逅的人建立精准社交，已经成为打造人际关系的重要方式。</mark>为此，我们必须向对方传达自己是个怎样的人、在思考什么。

　　前面提到的那位三十多岁的公司职员之所以能与汽车制造公司的领导建立精准社交关系，也是在参加活动的过程中与对方相互交换了意见，之后又通过脸书持续交流想法的结果。

・能够用表情符号迅速回应对方

・可以将公司外的人拉入群聊

☞ 能够创建出复杂且深厚的人际关系

潮流① 人际关系"倒三角"化

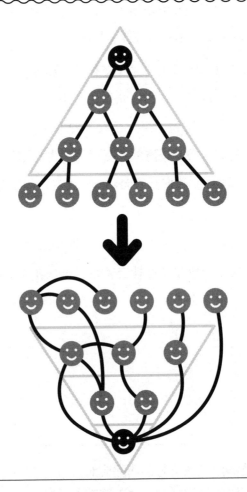

这是一个跨越行业和头衔，
创建各种各样人际关联的时代

PINPOINT

潮流②
超级个体的出现

个人的黄金时代已经来临

继人际关系"倒三角"化趋势之后，第二个潮流是"超级个体的出现"。

互联网的普及带来的重大变化之一，便是飞跃性地提升了"个人的能量"。现代社会只需一部能联网的手机，就能做很多事情。

不论是外向型性格的人还是内向型性格的人，无论是否擅长与人交往，与以前相比，在打造人际关系的问题上，人们越来越趋于"平等"。一位名叫竹村俊助的编辑，甚至提出了"社交民主化"的主张。

说到个人能力得以增强，人们通常想到的是创业者，或者是单枪匹马、干劲儿十足的知名博主等。

诚然，正因为互防网的普及，这些人才能无须隶属大公司等旧的组织形式，独立成为商界明星，打造属于自己的时代。

然而，所谓"个人能量增强"，其本质是，无论之于强者还是弱者，发挥个人能力的机会都变得更加平等，更加"公平"。

2006 年，美国《时代周刊》（*Time*）按照以往惯例，在年末以"年度风云人物（Person of the Year）"作为封面，那一年的封面上刊登了一个白色的键盘和一个电脑显示器的镜面，购买者可以从镜子里看到自己的镜像，当年的年度风云人物就是"You（你）"。

在此之前，该杂志的"年度风云人物"都选择了名人。然而，早在十年前，该杂志就已经指出，在网络的影响下，

"年度风云人物"是"YOU"

TIME　Person of the Year: You Dec. 25，2006

在网络普及的时代背景下，
"普通"个体甚至能够推动世界

人人都可以收发信息，并非特定的某个谁，而是一个个"普通人"，就能撬动整个世界。

之后，随着各种社交平台的普及，个人的能量日益增强。

"个人能力"爆棚的时代，尽情展示自己的精彩

最能体现出个人能力增强的，便是众筹这项服务。

一直以来，想要依靠个人能力制造新产品、开设新店，或是想要为地震灾害中受伤的孩子或贫困、无家可归的人们建设收容场所，如果你没有大笔预算资金，没有一定的权力，这些都是十分难以实现的。

然而，现在很多国家的普通民众只须在各类众筹网站页面上填写自己想要实现的事情，然后上传照片或者录像，就能募集到相关资金。即使你没名气，即使你不伟大，但只要通过网络，普通的个体也能做成改变世界的大项目。

"普通的个体"在公共社交平台上发声的现象已经越来越普遍，充分利用这种现象的"商业化营销"广告战略也应运而生，引起了广泛的关注。

例如，作为外资 IT 企业的戴尔公司就设立了"戴尔商业化营销项目"，召集喜欢戴尔电脑等产品的一般消费者前来参加体验活动，消费者将自己在现场的参与情况发布在社交媒体上，以此达到企业宣传的目的。

如今，拥有社交平台的普通个体完全像明星一样，拥有对企业来说十分重要的宣传能力和影响力。

"应酬"已经无法维持人际关系

在现代社会，不仅个人能量爆棚，个人的"行动能力"也得到了飞跃性的提高。

个人行动能力发生的巨大变化，主要体现在"副业"上。

根据从事自由职业者就业综合帮扶工作的 IT 企业 Lancers（日本大型业务委托中介公司）的调查（2018 年版），"副业系闲暇时间工作者"在日本已经达到 454 万人，他们一边从事着一份固定工作，同时又作为自由业者从事着别的工作。

"副业经济规模"在 2018 年产值达到了 7.8 兆日元①，大约是 2015 年的三倍。

日本的副业市场之所以成长得如此迅猛，也是受到日本政府推动"工作方式改革"的影响。我认为从本质上讲，网络的发展也起到了助推作用。

有了网络，我们也能自己卖东西。如果你擅长书写和绘画，就可以通过网络接受订单，帮助企业设计宣传资料、制作商标等。也有人在周末用电脑作曲，通过网络出售乐曲。

在本职工作之外，一个人同时拥有几份工作的情况越来越普遍。

由于工作关系，我每天要和很多人交换名片，能够明显感受到同时拿出两三张名片的人越来越多。他们有的是因为接受不同的业务委托而做着不同的工作，有的则是在

---

① 以 1 人民币 =15.7531 日元换算，7.8 兆日元约为人民币 5 千亿元。

——译注

帮忙运营NPO（非营利性组织）等。

而且在交换名片一两个月后，再遇到同一个人时，竟会得到完全不同的名片，这种情况也变得常见，因为他们跳槽去了别的公司。

我所在的《赫芬顿邮报》是一家外资互联网企业，也可能是有这层原因在，美国总部那边也不断有人跳槽，就连主管人员也在不断地发生变化。

有一次，五名干部从美国总部的编辑部和商务部门来到了日本。因为每个人都处在一个重要的位置，所以为了加深他们对日本编辑部的好印象，我以日本式的"公司内部接待"标准接待了他们，带他们去吃和牛、天妇罗，参观了许多寺院。夜里很晚了，他们说"想去看看东京筑地市场早市的样子"，编辑部同事也自愿参加，第二天一早五点半，陪同他们一起去筑地市场吃寿司。

尽管接待时那么尽心尽力，然而不到几个月，五个人当中就有四个人或跳槽、或辞职，相继离开了《赫芬顿邮报》。

事实就是这样，随着个人能力的增强，**个人"行动能力"也变得更加灵活，导致在组织内部维持人际关系也变得更加辛苦。**

即使面对的是同一个人，如果对方同时从事几个职业或职位，那就相当于与三四个人同时相处。而且，因为跳槽或者创业等原因，员工离开公司的情况不断加剧，这样一来，与客户维持中长期的人际关系就变得十分困难。

于是，以"××公司××部长"等公司头衔为前提的交往，其重要性正在逐渐降低，这是个人行动能力不断提高的结果。

不善言辞的人举办的小型活动也能传递能量

个人能量增强的另一个体现是，无论是谁，都能轻易地举办活动。

社交网络的出现，不仅使得招揽客人变得容易起来，也使得管理活动人员名单、募集资金等服务变得简单易行。

几乎每天，咖啡店或者其他公共场所都在举办各种各样的活动。

其结果是，我们能够很轻易地见到许多大企业的领导和知名创业者，还能和他们交谈。在以前，这些人甚至就算预约都很难见到。

在十年前，由普通人来举办活动，这是连做梦都想不到的。但是现在，不必去做街头宣传，不必散发传单，只须在推特上发布文章，就可以进行活动预告和宣传，召集参会人员。甚至在活动开始之前，主办者和参会人员都未曾谋过面。一个人在房间里就能够完成活动的所有准备工作。

举办活动的难度和门槛降低了，活动内容也变得更加多样化，更加丰富多彩。

"Meetup①"是一个举办区域集团活动企划的网站，市川裕康先生是 Meetup 日本版的创始人之一，也是媒体咨询顾

---

① Meetup：一个在线社交网站，在世界各地都拥有线下小组群体。用户可以在网站上找到并加入拥有共同兴趣的群体，如政治、书籍、游戏、电影、卫生、宠物、职业等，只要输入所在地的邮政编码或城市名称和他们想见面的话题，网站就可以帮助他们安排一个时间和地点见面。
——译注

问。据他所说，近年来，出于各种原因，在日本，陌生人之间集结、聚会的情况逐年增加，呈现上升的趋势。

从下班后的手工活动到一边喝咖啡一边商讨活动企划，甚至是那些大家以为"没人会去参加"的小众活动，都能够聚拢人气，招募到参会人员。

而且据说，**一千人的大规模聚会与几个人的小型聚会，就会场的热烈程度而言，两者并没有什么差别。**现在主办者自己也认为，比起以往只是片面地追求参会人数、邀请艺人作为招揽人气的噱头、召开以企业为主体的活动，倒不如从个人层面出发，选择人们感兴趣的主题，邀请少数人参加，这样的活动往往更持久，效果也更好。

据说有人自从参加在咖啡店举办的英语杂志阅读会之后，不仅提高了英语水平，还与在聚会上结识的人进行了工作上的交流。这样的例子不胜枚举。

当今时代，人们不再需要依靠公司和个人头衔，而只靠个人力量就能大放异彩。

越是内向的人，越能够做到专注，以一己之力就能推进自己想做的事情。这使得他们能最大限度地发挥个人的力量，得到更多展示自我、发挥能力的机会。

潮流② 超级个体的出现

❶ 通过在公共社交平台发布动态，普通个体也能产生影响力

❷ 跳槽和从事副业的现象变得普遍，"行动力"得到提高

❸ 活动多样化，仅有少数感兴趣的人参与的聚会也能气氛热烈

人脉与
程序设计

潮流③
信息交换的高速化

到目前为止，我们围绕人脉的四个趋势中的两个，即人际关系"倒三角"化和超级个体的出现进行了论述，下面来看第三个潮流——信息交换的高速化。

意识到时代的高速变化，
打造精准社交

朝日新闻社的渡边雅隆社长曾因公开说"我不用

LINE"，而在媒体界引发讨论。渡边社长在接受采访时，被问及对于 LINE 的看法，他给出了下面这样的回答：

> 说实在的，我不用 LINE。其中有许多原因，比如，虽然家人有 LINE（群），但是不让我加入（笑）。为什么呢？因为我被大家疏远在外了。此外，我一看到有人使用 LINE，好像必须随时要做出回复，就感觉有些麻烦。

这段采访出自龟松太郎先生的博客，他是网络媒体《DANRO》①的主编，该网站以"乐享个人时间"为主题。龟松主编是一个公正的媒体人，他明白，如果刊载出"想要强调数字化概念的企业高层渡边先生，竟然不使用 LINE！"这样的文字，渡边先生一定会遭受恶评，于是龟松主编继续提问，以便展示渡边先生最真实的想法。

---

① 《DANRO》：一家新网络媒体，主推"享受一个人的时间"这一理念，主张你可以找到一种享受"一个人的时间"的方式。该媒体主要采访那些讴歌"一个人的时间"的人，介绍享受"一个人的时间"的商品和饮食店，介绍提升自我和投资自己的方法，接触他认可的享受"一个人的时间"的各种生活方式，发现充实度过"一个人时间"的启迪方法等。　　　　　——译注

龟松：渡边社长，您没有亲自试用一下LINE吗？就像纸质的报纸一样，如果不拿在手里就不能体会到它的好。我想像是通过LINE浏览朝日新闻这种方式，如果不亲自在各个网络平台上进行尝试，就不会明白那种感觉……

渡边：或许你说的也对。不过，说实在的，我也没有那个时间。现在的我，每天都感觉工作满满，精疲力竭（苦笑）。

（2016年3月2日引自博客）

对于是否使用LINE这一问题，乍看起来，似乎与组织领导人的资质没有特别紧密的联系。但后来，我问进行采访的龟松先生，他说自己那样提问，也并非是想揭渡边社长的短儿。我个人也认为，企业高层未见得必须使用LINE等工具。随着时代变化，交流的工具也在变化，要努力推动朝日新闻那样的国家级大媒体公司前行，要求他具有通观大局的视角，不能仅仅依靠网络进行信息收集。

龟松主编说道，自己提问的意图是要确认"**在忙到没有闲暇时间浏览手机的情况下，作为国家级大型媒体公司**

的高层，他能多大程度地静下心来观察社会上的各种服务，把握信息的传播方式和速度"。

没有脚本的在线交流，高效推进工作

信息的传播方式在不断变化，人们高速地交换信息。

例如，最近经常在咖啡馆中看到一些商务人士对着笔记本电脑和屏幕对面的人进行交谈，他们是在通过SKYPE[①] 和 appear.in[②] 等网络，与客户、同事进行视频通话。

据在外资电脑公司工作的熟人说，最近一大早就被远在海外的领导突然要求召开网络会议的情况增加了。

三十多年前，我父亲身为商社驻海外办事处的工作人员，每天都使用传真和国际邮件进行业务联系。不久之后，

---

① SKYPE：一款即时通信软件。
② appear.in：一款视频会议插件。　　　　　　　　　　——译注

人们联系彼此的方式变成了电子邮件，而现在，大家则普遍使用可以直接在线视频对话的网络通信方式。

我工作的时候也是如此，经常收到来自纽约本部的消息，或是收到未曾谋面的英国调查公司的开会邀请，找我了解"日本的政治经济问题"等。

前些天，我和公司本部的成员一起开了在线会议。会议没有准备资料，在最初的几分钟里，大家彼此交流了自己想传达的内容，之后便是随想随说的自由交谈。交谈一结束，大家就开始着手推进下一步工作。

在整个会议过程中，甚至有种连用 Email 写总结都是在浪费时间的感觉。

已故的剧作家寺山修司曾经主张"丢掉书本，走向市井"，现在看来，没有比当今更适合丢掉书本的时代了。

很早以前就有人告诉我们，比起"书本讲座"，要更重视"市井现场"。

如今，人与人之间精准交换着那些不被文字局限的"活生生的、有热度的信息"，在这种情况下，我们必须换种角度来重新审视与人见面的价值。从书籍上以及别人口

潮流③ 信息交换的高速化

- 人们利用网络进行在线视频通话的情况增加
- 彼此的交流没有预先安排的脚本，人们高速而有效地交换着"新鲜而富有热度的信息"

中得到的信息，正呈爆炸式增长。

　　而且，越是内向的人，他们越是拥有更多的知识储备和更透彻的观点。

　　在现代社会中，人们高速地进行着信息交流，时代需要那些掌握高质量"最新信息"的内向性格人士。

PINPOINT

潮流④
居家方式的变革

第四个潮流是居家方式的变革。

我每个月在家阅读约二十本有关经济学的书籍。在阅读过程中，我发现了一个问题，那就是**多数经济学书籍都是以男性视角来写的，印象中很少涉及有关家人的话题和内容。**

但在工作层面上，或者说在打造精准社交的层面上，与自己家人的相处是无法回避的问题。

十年前，在大儿子出生的时候，我申请了四个月的产假。

我爱人也在生完孩子后提出了"一定要外出工作"的想法，于是，我们夫妻二人商量决定，我也请产假，与妻子一起担负起育儿重任。当时我是一个新闻记者，工作和现在一样忙碌，但我还是拿出勇气试着向领导请了产假。

即使是现在，男性的育儿陪产假期依然还是很难请，不少人即使请了陪产假，也只是休了几天便又重回岗位。十年前，一些采访对象也对我的行为感到不解，直接说道："你是想断送来之不易的职业生涯吗？"就连熟人也对此感到吃惊，说我是"妻管严"。当时听到这种评价后，我非常愤怒，那种愤怒至今让我记忆犹新。

安倍晋三政府提出促进女性就业、改革工作方式、完善婴幼儿保育制度等政策方针，但是整个日本社会依然是不顾家庭、以男性为中心的"超时劳动"社会，这一点至今没有得到改变。

特别是在媒体行业，新闻有时是一天二十四小时不断更新的，从业人员根本无暇休息。

硅谷人重视生活和工作两不误

三十五岁时，我曾经留学斯坦福大学。在大学和周边的硅谷地区，有的创业者不分昼夜一直努力工作，但是到了周末，很多人会陪着家人一起去徒步旅行、去烤肉。

虽然在硅谷，女性就业歧视和超时劳动等问题也引起了广泛关注，但是有很多企业相关管理人员都致力于让工作和生活两不误，他们在认真而努力地改变着现状。

今后对于商务人士来说，需要掌握的基本技能正是处理家务的能力和育儿能力。

日本的新生儿出生率呈现下降趋势，在少子化①不断加剧的今天，支持家庭育儿工作是一个国家级的课题，这不是单单针对男性或女性，如果不创造出适龄男女易于工作的社会环境，那么支撑日本经济的优秀劳动力将无法发挥他们的作用和才干。

同时，确保家庭生活和工作的顺利进行，不仅仅是个人的生活方式，也是日本企业应该思考的课题。

工作结束后还要去喝酒应酬，还要去参加打造人脉的

---

① 少子化：该词源于日本，是指生育率下降，造成幼年人口逐渐减少的现象。　　　　　　　　　　　　　　　——译注

聚会，"社交狂人"最大的问题就在于不能兼顾家庭和自己的生活。当然了，或许并非所有人都是如此，但我们每个人的一天都只有二十四小时，这一点是毋庸置疑的。

打造精准社交，自然就意味着要减少交流的人数。

如果我们不能锁定结识对象的数量，去打造精准社交，就不能做到"生活、工作两不误"。

重视家庭生活的"内向型"人士，将会备受尊敬

在这里，"内向型"是一个关键词。

我自己是不怎么参加晚上的应酬聚会的。在辞去朝日新闻社记者工作，做了主编后不久，我便写了多篇关于"放弃应酬"的文章，也组织开展过相关活动，甚至举办过减少社会上的宴会应酬的宣传活动。

那是因为我个人想在工作结束后，确保有时间和家人一起进餐、陪孩子做作业。我很重视安安静静地待在家里的时间，会尽可能地远离手机和电脑。当然有时在下班后

或者休息日也会接到紧急通知，但是我会确定好查看这些信息的时间，然后集中处理相关事务。

隔断外界信息，在家里和孩子一起泡澡，一起打游戏。对于不善与人相处的我来说，不受外界干扰、单纯地与家人欢聚，是能让我内心获得安宁的时刻。每天，我都在践行居家方式的改革运动。

在本书中，我主要依据商务场合的例子来解说如何打造"精准社交"。当然，我也会加入在工作现场以外的生活场景中可能应用到的情况，不只是局限于职场，还包括在保育院和学校结识的妈妈友、爸爸友等人际关系，设想出各种各样的场景，让您能够在阅读时有身临其境之感。

当今时代，只是在外干劲十足的商务人士或许早已不再受到人们的尊敬。

少子化、女性工作方式问题已经成为全社会的课题，在这种社会背景下，全然不顾生活的人，某种程度上甚至让人感觉他们放弃了该背负的社会责任。

我们要**暂时放弃向外追求人际关系，转而向内与自己的内心相对，重视生活本身，重视与家人一起度过的惬意闲适的每一刻。**

这样的商务人士才是新型社会所需要的人才。

潮流④ 居家方式的变革

- 只是在外干劲十足的人，或许不再受到人们的尊敬
- 家务、育儿也已经成为商务人士必备的基本技能
- 在家里度过闲适的时间，注重与自己的内心相对

PINPOINT

面对自己内心的人，更能在商业上立于不败之地

我们已经从四个潮流趋势出发，看到了打造人际关系方式的巨大变化，阐述了在当今时代，越是内向型的人越能发挥才干、展现风采的原因。

翻开字典，我们看到针对"内向"这个词语是这样解释的：（性格、思想感情等）深沉、不外露。再翻看近义词词典，上面罗列着"羞怯""消极"等词语。

"内向"这个词确实多少给人以消极、灰暗的印象。

然而，如前文所述，**曾经被认为是"灰暗的"不显眼的人士，这些人成为改变社会规则的游戏玩家的可能性正在增加。**

为什么我会认为越是内向性格的人士越会有所成就呢？这个想法的产生基于一段专访，这段采访的对象，是投资优衣库的日本迅销有效公司（Fast Retailing）的会长兼社长——柳井正先生。

柳井社长深思熟虑、慢条斯理的讲话姿态给我留下了深刻的印象，他的办公桌上堆放着英语杂志、报纸、信件等。

采访过后，我从相关人员那里得知，柳井社长几乎不参加任何晚上的应酬宴请，工作结束后多数时候会直接回到家中，在家里阅读，充分、透彻地思考如何开展未来的业务。

我认为，正因为如此，他才能在采访中做出有深度的回答。

从采访中，我可以感觉到他是那种能够面对自己"内心"的经营管理人员。

柳井社长是一位国家级的经营管理者。我认为像他那样，**越是能与自己内心相对的人，越能应对激变的时代。**

因为他们会经常思考，于自己的工作、于社会，什么才是最好的？自己想要的又是什么？

网络互联的时代，不管你接受与否，都会有大量信息涌入。即使不看报纸和电视，人们也能够通过智能手机看到最新的新闻。

不仅是日本的新闻，人们还能够轻而易举地看到来自世界各地的各种信息，这使我意识到，身处这样的时代，有意识地面对自己的内心是十分重要的。

"信息扁平化（flat）"不断发展，
内在价值飞升

越是内向的人越能立于不败之地，为了思考这一问题，我们必须首先了解"信息扁平化"这一社会趋势。

信息的获得变得过于容易，信息的价值也在下降，这就是信息的"扁平化"现象。

2011年东日本①大地震时，我采访了很多处于政权核心的政治家和官僚，他们大多证实，自己在震灾发生时"有在看社交媒体"。

社交媒体上发布了海外和日本的许多报道以及专家们的真知灼见，而且重要的信息会自然而然地被多次转发关注，所以人们很容易就看得到。

当然那些推文中也有许多谣言。不过，透过谣言，我们也能了解到人们的心理，了解"人们对哪些事感到不安""哪些信息在被疯传"等等。

当时身为首相助理的寺田学的一段话，让我印象特别深刻，他回顾说："我是通过社交媒体才知道'环境应急剂量预测信息系统（SPEEDI）'的。"

关系到日本国土安全的重要信息，竟是通过"最时尚的"路径得到的，这让人感到非常震惊。

---

① 东日本：泛指整个日本东半部地区，对应词是西日本。　——译注

不妨极端地说一句，**像首相助理这样的高层人物，他们与卧躺在家摆弄手机的高中生，看到的是同样的信息。**我们所处的就是这样的时代。

我们能够迅速看到许多重要信息，只要手握手机，不论是谁，即使不去见专家，也能获取知识，这就是"信息扁平化"社会。

于是，人们的"内心"成为信息到达的最后边界。每个人的心里都充满着任何人都不能复制粘贴的信息。

越是内向的人，
越能培养内心的审美意识

刚刚介绍过优衣库的柳井社长，他同样也是有名的内心具有高度审美意识的经营者。

据说，柳井社长与负责优衣库品牌战略的创意总监佐藤可士和先生经常进行富有哲理的对话。

根据福布斯（日本）2019 年 4 月刊的采访，柳井社长最初并不是很想见佐藤总监。据说，"他认为日本没有好的创意总监，所以不是十分情愿去见面"。可是见面不久，他便同佐藤先生在审美品位和关于拓展品牌的商业理念方面产生了共鸣，之后两人就优衣库的发展方向和定位进行了深入的探讨。

在佐藤先生的运作下，优衣库成功落地纽约。这使得优衣库在消费者心中的形象从之前的"平价休闲摇粒绒"服装品牌，成功转型为现在的"都市化全球品牌"。

之后优衣库持续发布与现代艺术家合作出品的服装，在纽约、巴黎等地开店，摆脱了"摇粒绒休闲服装店"的既有印象。

如果柳井社长和佐藤总监只是着眼于第二天的销售额和既有的商业模式，那么那些具有革新意义的创意是不会在如此浅显的思考中诞生的。

只有超越理论、直抵内心的碰撞，才能取得这样开拓未来的巨大成功。

而且，柳井社长还是一位艺术造诣高深的经营者，他经常通过美术鉴赏来面对自己的内心。优衣库之所以会长期冠名赞助纽约现代艺术博物馆（MOMA）的"周五免费之夜"，或许跟社长的这一理念也有关系。

在纽约时，我和当地一个男性朋友曾经一起在免费参观日当天进馆参观过。从这一点来看，优衣库通过艺术成功地攫取了纽约当地的人心。我能明显看出，这位男性朋友虽然没有见过柳井社长，但是在心理上对于柳井社长以及优衣库却抱有极大的共鸣感。

日本企业如果想要在海外取得成功，当地顾客的理解和支持是不可欠缺的。而获得人心的方式不在于播放华丽的广告、举行减价促销活动，关键在于打动顾客内心的审美意识。

乍看起来这似乎是矛盾的，但想要扩展自己的世界，首先要做的就是潜入探索自己内心的最深处。潜入得越深，自己内心最初的想法和情感就会变得越发清晰。然后将这些想法和情感与某些人碰撞，最终传播到客户那里。

正如柳井社长和佐藤总监那样，当今时代，越是向内、深入思考的人，越能在商界取得非凡成就。

内向者在商业上立于不败之地的原因

① 信息的扁平化

任何人都能得到知识
☞ **内心的价值在提高**

② 提高内心的审美意识

真正的想法和情感变得清晰
☞ **通过与他人进行内心的碰撞，**
诞生全新的创意

PINPOINT

因为内向，
所以更能建立精准
而有深度的关系

珍视自己"喜欢某个人"的这种情感

我们了解了当今时代的四大潮流趋势，说明了内向者具有的优势。接下来进入正题，我们来讲解什么是内向人士应该打造的"精准社交"。

作为网络媒体的主编，我努力地让自己不断接触新的人。

在与对方接触时，我最为重视的是自己"喜欢对方"的这种感觉。当然，这和恋爱中的"喜欢"是有所不同的，一句话总结就是：**"在一起时，是否会直觉地感到舒服。"**

简单来说，打造精准社交的关键就在于此。

相反，如果发现与对方稍有"不合"之感，我就会努力控制自己，不要过度敞开心扉。勉强与之进行深入交往，只会徒增彼此的压力而已。

你也一定经历过痛苦的人际交往吧。

如果交往时总是考虑"他是大人物所以一定要保持联系""他将来有可能成为我的客户""或许他那里有重要的门路"等想法，就会勉强自己努力去维持良好的关系，弄不好，反而会让自己陷入不安的情绪当中。我曾经就有过类似的经历，自然十分了解个中心情。

一旦情绪变得不安，就会产生强迫性想法，从而越发想要保持这种联系，这样一来，就会陷入消极情绪的恶性循环。

在交流时，压抑自己情感中"不擅长""不安"的感觉，努力地与对方相处，只会让你们之间的交流越来越流于表面。实际上，这些你努力压抑的情感还会传递给对方。

只要我们是活生生的人，即使是在重视理性关系的商界场合，都不可能仅仅存在逻辑、证据以及数据等客观信息。

不能完全忽视个人的主观想法抑或是个人情感产生的影响。

在企业的管理层身上，我们也能看到这种倾向。

在采访企业经营管理人员或是与他们会面时，我观察到，越是重要的决策，很多时候他们越是会依据个人的喜好去做决定，选择自己喜欢的业务或是选择与自己喜欢的人合作。

需要经营管理人员必须下决断的事情，大多是无法单纯进行比较的事、那些选择起来十分困难的事。选项中 A、B 看起来都好，正因为难以做判断，经营者才要做最终的判断。

在如今日本经济停滞不前，曾经的大企业被迫要进行苦战的形势下，过去的习惯已经完全不起作用。

"难做决断"，这种情况不仅是经营者会面临的问题，也是普通的公司职员或者自由职业者经常遭遇的问题。

仅靠理论无法做出判断、无法预测未来的时候，**最后影响判断的往往是人们非常个人化的决定或想法。**选择相处对象时也是一样，在商务场合，想要回避"喜欢某个人"的这种情感，是绝对行不通的。

勉强自己与"难相处的人"继续相处，是没有意义的

或许有人会质疑我的这个意见，对我说："你这种观点根本是含糊不清啊。"

"持有'喜欢'这种孩子般天真想法的人，在严酷的商界是无法生存下去的！"

"与不喜欢的人相处，才是优秀的社会人啊！"

他们认为，这种"重视感情，只和喜欢的人交往就好"的想法不能用于商务场合。

确实，有时我们的确有必要勉强自己。

但是，之所以我们一直以来都认为那样的"忍耐"和"勉强"是绝对必要的、是百分百"正确的"，不正是因为我们的社会太过"僵化"吗？

在过去的日本，我们很多时候倾向于与公司内的工作伙伴、业界的相关人士进行合作，工作上无法选择交往对象，相应地，人们就有必要和因为偶然才进入同一公司的同事、领导维持良好的关系。

而且，新的业务不会在短时间内出现，理所当然地，人们今天仍然要继续昨天的工作。

因此，和固定的客户缔结长期关系才是上策。正因为如此，压抑自己的情感来顺从组织，这种做法被认为是"正确的行为"。

然而，正如我们论述过的那样，互联网普及后，我们所处的社会变得具有"流动性"。跳槽、创业、兼职等等情况都变得非常普遍，公司的同事、领导不断地变换，同时我们与外界的联系也变得更加容易。

与其勉强自己"与难相处的人"相处，不如与"在一起感到很愉快的人"产生联系、一起推进工作来得更为简单些。

此外，在现代社会中，新的企业层出不穷，就连有着悠久历史的大企业，为了在竞争中生存，也面临着"开展新的业务"的巨大压力。

因此，不要勉强自己去和那些难以应付的领导和业界的领军人物相处，相反，我们应该与公司内或公司外的那些所谓的"变革者"一起工作，这样才能在严酷的商界生存下去。如果不能突破自己的内心、走出既有的商务领域，就不能邂逅新的创意。

与难相处的人接触时，
要"具有不关心对方的勇气"

当然，虽说"这个人难相处"，但我们并不能将他赶到公司外，每天不可避免地会与合不来的领导和同事见面。

即使是公司以外合不来的人，由于工作原因，有时也必须要与其接触。

这时，我会努力将对方看作"电车站的自动检票机"。

我们每天都要通过电车的检票口。电子交通卡或电子票已经取代了原来的月票，我们每天的工作都要从打卡开始，这是支撑我们生活的重要存在。当然，我们对它们并不会产生那些或喜欢或讨厌的情感。

与合不来的人相处，和这些情况是一个道理。

把"电车站的检票机"比喻成人，这种说法稍稍有些失礼，可能也不那么恰当。不过，在价值观变得如此多元化、人员的更替如此频繁的社会，与自己不和的人出现在职场、学校以及自己身边的概率变得极大。

经常会有人发现领导与自己合不来，于是便试图去寻找领导身上的优点，但这样做反而会给自己造成巨大的压力。我的一个朋友总是认真倾听领导对自己的申斥，从中努力寻找那些自己能够接受的词句，勉强将这种斥责与自我成长联系在一起，结果反而把自己弄得精疲力竭，最终导致不得不暂时停职休息。没办法喜欢上自己的领导，这件事让他不断自责。

无法喜欢自己的领导并非单纯的好事或坏事，在飞速变革的时代，人们变得更具个性，活动范围变得更广，也更容易遇到持有不同价值观的人，这些都是我们无法回避的问题。

在这种状况下，"勉强地迎合对方"是非常困难的，各自和谐"共处"才更为重要。

实现共处的秘诀便是这句听起来略显冷淡的"要具有不关心对方的勇气"。

后面我会在本书中不断提及的一个信息就是，珍视"自己喜欢的人"。只要和公司以及组织内外的"喜欢的人"保持联系，就会对身边"难相处的人"变得不那么在意了，当然这是个"半反论"的论证方式。

很多人都有过类似的经历吧，在公司遭遇不顺心的事，回家一看到家人，就会感到心情无比放松。如果我们都有一个家一样的地方，就会对很多事情都不那么在意了，对工作也有了坚持下去的力量。

在工作中创造出这样一个能够让"心理感觉安全"的地方，是我们今后在社会上立足所必须具备的能力。

同样是被领导批评，如果有能理解自己的前辈陪伴在身边，人们的接受程度就会完全不同。即使自己提出的企划多次被驳回，如果知道有前辈会帮助自己修改企划案，压力也会减弱。

总的来说，找到喜欢的人，这也是让自己能与不合拍的人继续"共处"下去的秘诀。

面对自己的心声，
就会发现"适合的"、自己喜欢的人

怎样才能喜欢上别人，或者说，哪个瞬间才会发现自己"喜欢对方"？其中最重要的，还是"向内型"性格这个关键词。

不论是在做新闻记者的时候，还是现在担任《赫芬顿邮报》主编，我每天都忙得头晕眼花，许多时候我必须在十分钟之内做出很艰难的判断，而新的信息又不断地涌来。

即便如此繁忙，我也尽可能地确保拥有一个人独处的时间。

此外，一定要有烦恼。要深入到内心地去烦恼，进行深层次的思考。

在工作的空闲时间，哪怕只是很短的一点时间，比如约会中间的空隙，或是在泡澡的时候，即使只有十五分钟、三十分钟的时间，都要与自己的内心相对。

内向型的我更喜欢在自己的心中努力，而不会像那些喜欢社交的"狂人"一样在外打拼。

因此，我对于自己的情感如专家般了解。

当天无论是发生了什么高兴的、让我欣喜的事，或是郁闷的、悲伤的事，我都会明白自己为什么会产生那种感觉。

早晨为孩子准备早饭时，煎蛋没有煎好，而且还烫伤了自己；苦口婆心地教导孩子，可是孩子却总是找借口不做作业。正当我倍感焦虑的时候，我偶然走进了那家咖啡店，店员用恰到好处的声音对我说早安，这让我心情大好。

我会在空闲的时间里凝神面对自己的内心，体会这些细小的、内心深处的起伏变化。

在日常生活中，训练自己面对每一个细小的情感变化，你就能对于是否"喜欢"这件事变得敏感起来。这对于打造精准社交来说是最重要的因素。

在此基础上，如何发现"自己喜欢的人"，如何与喜欢的人产生联系，我们将在第二章进行详细的说明。

精准社交

· 只和直觉上感到"在一起很开心"的人交往
· 对于难相处的人，勇敢地保持不关心的态度

第 **2** 章

给内向者的七条 "斯坦福派" 社交法则

谈话是十二分重要的事情。到底有多重要呢？它会影响你的人生。

德川梦声①《话术》

PINPOINT

为喜欢内省的人准备的七条"斯坦福派"精准社交法则

在第二章，我将为大家讲解我在斯坦福大学学到的精准人脉打造方法——"七条精准社交法则"。身处激变的时代，不论是在工作、学习还是家庭生活中，与重要人物产生联系，一定能够带给你强劲的支持。

我打算以一些日常生活中大家都能使用到的"小秘诀"为中心展开论述，尽可能不写那些在一般商务书籍中会出现的高难度内容。

从 2014 年到 2015 年，我在斯坦福大学以客座研究员的身份度过了一年的时光，那时我还没有成为《赫芬顿邮报》日文版的主编。当年三十四岁的我，作为社会人士，已经积累了十多年的社会经验。

斯坦福大学所在的硅谷地区是 IT 行业的圣地，云集了谷歌（Google）、苹果（Apple）等改变世界组织结构的众多 IT 企业。

我走出校园，扎进硅谷的网络世界，干劲十足，想要尽可能多地去结交与媒体业务有关的关键人物。

自飞机落地的那一瞬间开始，我热血沸腾，浑身充满干劲；然而此后，向我袭来的却是一种绝望的感觉。

我无法打通那些就像硅谷起伏绵延的大山一般错综复杂的硅谷人脉。

你随时可以见到投资家、创业家、大学的研究人员、学生、金融业者、工程师等，但无论见到多少人，你都会感觉自己仿佛正步入丛林深处，产生束手无策的感觉。

不过，数月之后，我意识到一件事——自己成了不断去见大人物的"社交狂人"。而且，我发现，好像在这片土地上以这种方式去结交人脉是无法取得成功的。

肩负大型 IT 企业和未来一代发展的硅谷工程师们夜以继日地研发新技术，集结资金创设新的公司，而硅谷的优势不仅在于这些充满活力的部分，还在于坐落在硅谷中心的斯坦福大学研究基地，这成了我解决问题的突破点。

斯坦福大学的学生当中有很多人都有创业意向，而且许多具有影响力的大人物和著名的工程师也经常出入大学校园。

但我在大学校园里感受到的不是仓促、匆忙，而是从容、舒畅。校园里建有二十多座图书馆，学生们在这里踏踏实实地学习、读书。从大清早开始，就有学生散步、跑步，静静享受独处的时间。我也和许多参加工作了的学生进行过相关交流，他们都表示，在校园里能够暂时忘记工作，全身心地投入到学习中。

并且在学习的同时，认真地面对**"自己为什么要学习""怎样才能让世界变得更美好""我为什么而活"等终极疑问。**

或许会有学生想要"毕业后尽早创业，成为有钱人"，但是至少我所遇到的那些人是不一样的。在硅谷，"透彻思考"（大学）与"快速行动"（IT 企业）就像车的两个轮子，驱动整个硅谷地区向前发展。

越是内向的人越能抓住事物的本质，而且越是这样的学生，越能得到教授和经营管理者们的尊敬，会深化彼此的交流。在当地，我所见到的 Google 等 IT 企业从业人员以及创业家们不仅思考如何赚钱，还会充满哲学意味地深入思考"改变社会的方法"以及"理想社会的存在方式"等问题。

越是身处时代的最前沿，越能与自己的内心相对，这是我在那一年中最大的发现。

"人与人之间的联系是很重要的"，这一点在硅谷也是一样，然而不同的是，我意识到了一种与"分发名片"完全不同的社交法则。

PINPOINT

社交法则①
寻找七个你喜欢的人

训练自己严选三明治馅料，
在严酷的世界中生存

在斯坦福大学，我学到了许多，其中最重要的一点就是：**世界上存在许多"正确答案"，而选择哪个答案，必须由你自己决定。**这是从商学院苏珊·艾希教授的课堂上学到的。她曾在微软等民营企业和虚拟货币行业工作过，是位兼具学识和经验的老师。

艾希教授讲义的题目是"平台业务（platform business）"，具体讲解的是企业的业务案例，包括以网上书店起家的亚马逊（Amazon）、通过网络售卖服装的走走城（ZOZOTOWN）[①]，还有做网络邮购业务的乐天（Rakuten）[②]等。

平台业务的特点是"具有众多的实力客户"。例如，乐天把购买商品的一般消费者称为"顾客"。但是，卖家在网上出钱开店、展示商品，网站也会从中收取费用，从这个意义上来说，卖家也是"顾客"。

必须重视所有客户的利益，这是平台业务的难点。比方说，平台首页要尽可能多地展示店家的众多商品。当然，这会让开店的卖家感到高兴，但相应地，这么做也会增加首页的信息量，从一般消费者的角度来看，他们或许不会喜欢在凌乱的界面上选购商品。

艾希教授指出，"因为网络业务的出现，人与人之间、

---

① 走走城：日本最大的电商平台，创立于 2004 年。
② 乐天：乐天株式会社，是日本最大电子商店街的经营者。现已形成日本乐天集团。
　　　　　　　　　　　　　　　　　　　　　　——译注

企业与企业之间相互匹配的模型也变得多样化。同样地，今后'正确的事'与'正确的事'相互发生冲突的情况将会更多。"

艾希教授在课堂上大多采用"个案研究（case study）"的授课方式，介绍企业在实际中遇到的烦恼，启发大家共同思考。

有一次，她在课上提到了在线邮购网站遭遇的问题。经营店铺的店主想要展示自己的商品，将商品照片上传到网页上，那么，网站是否应该免费展示这些照片呢？

如果能免费展示，店家必然会不断地发布照片，网站页面也会因此变得多姿多彩，页面的设计感将得以提升。然而，对于运营网站的企业来说，收取展示费用，企业的收益就会增加；不收取展示费用，企业就会损失一笔收入。

是选择减少短期利益，还是选择考虑提升页面的设计感、进行长期的品牌打造呢？无论出于什么目的，或许作为答案本身来说，都是正确的，这就是这个问题的难点。那到底该选哪一个呢？

艾希教授的课是没有答案的，大家总会陷入白热化的讨论中。在所有课程中，她提到过的一个"三明治馅料"理论，最让我难以忘记。

艾希教授说："如果今后各位进入商界，一定会遇到不知何为正确答案的时候。这时，就像选择自己喜欢的三明治馅料一样，依据自己的感觉进行选择，结果可能会更好。"

不知为什么，我将这段话记录在了笔记本里。

或许是因为她说的那句"人人都有自己认定的正确答案"，契合了我心中的想法。虽然这对她来说，也许只是一句闲谈或者玩笑吧。

无论如何，她在课程即将结束时说的这句话，成了我构筑"精准社交"时非常重要的参考。

比起"正确"，更要重视情感上的"喜欢"

一桥大学研究生学院的楠木建教授（经营学）因所著的畅销书《战略就是讲故事》而闻名遐迩，他也曾说过，

"经营者的动力源泉就在于个人的'偏好'"。

在做经营决策或者评价新业务、新创意时，我们往往习惯于追求"正确答案"，看它是否能够带来经济成果。然而让人意外的是，成功的秘诀或许只在于经营者情感上的"喜欢"。

楠木教授在《偏好与经营》这本书中提到了我们前面提到的日本迅销有限公司 (Fast Retailing) 主席柳井正社长。据说在交谈中，柳井社长向楠木教授传递了"喜欢做大生意"的想法。

在读楠木教授对柳井社长的评论时，我最初的感觉是：柳井社长的那些想法简直太幼稚了。这是因为我认为，经营者应该不露声色，基于更细致、准确的经济模型和市场预测来做判断。

但是我细想之后又觉得，身处经济玩家和强势的市场不断变化的时代，新企业在计划开展全新业务时，或许那些经济模型和预测早已丧失了曾经的意义。何况，熟知经济模型、预测经济原本就是任何经营者都在做的事情。

这样看来，**能够让自己的企业在真正意义上有别于其他公司的，正是高层管理者们抛却道理后的热情，以及他们在经历了人生各种炼狱般的考验后形成的情感上的"喜欢"。**

作者在《偏好与经营》中还介绍了一个在商学院课堂上经常被提及的极有趣的个案研究。

个案中的主角是一位就职于某投资银行的女性，她的室友在另一家金融机构工作。有一天，室友回来后向故事的女主角透露了一个内部信息——"我们银行好像要从某个业务中撤出"。室友在说这个信息的时候，还要求女主角"不要对别人提及"。

对于女主角所在的投资银行来说，这是相当有价值的信息，如果室友工作的金融机构从那项业务上撤出，就会对整个业界产生影响。于是，女主角犹豫要不要将这则消息告诉自己的上司。

如果告诉了上司，无疑，自己所在的投资银行就能避免经济上的损失。可是另一方面，这样做会暴露是自己的室友泄露了情报，导致朋友受到处分。是选择朋友还是选择工作？

"正确的事"和"正确的事"总是这样相互冲突、相互碰撞。面对这些选项，按照客观的标准是无法做出选择的。案例中展示出来的，正是人们要根据自己的价值观和生存方式做出决定的例子。

乍一看，以"喜欢"这种情感出发，根据自己的价值观进行经营判断，做出决断，甚至是"选择合作者"，多少给人以傲慢的感觉。

虽然这些并不是"三明治馅料"，不过从某种意义上来说，根据喜好进行选择是我们日常更该思考的问题，而且每天都该进行相关的锻炼。

熟悉更多的三明治店铺，在日常生活中时常面对自己内心的人，才更具有选择馅料的能力。

我有个朋友最喜欢鸡蛋三明治，她会以鸡蛋的种类甚至蛋黄酱的甜度作为判断标准，来选择三明治。正因为进行过如此深入的思考，她才能有自信地说"我喜欢鸡蛋三明治"吧。

我觉得与其讲大道理，不如锻炼自己对于"喜欢"这种情感的感受能力，以此来提升自己的判断标准。

首先有意识地找出
七个自己喜欢的人

我虽然不擅长人际交往，不过自从听到了三明治馅料的说法之后，便开始有意识地同七个"感觉还不错""和我很合拍（心情和情绪等）"的人结交。

当然了，喜欢的人结交得越多越好，不过以我的经验，还是推荐大家最好先从七个人开始。

我在前面已多次提及，在当今时代，个体拥有强大的力量。甚至有的人开展副业，推送信息的影响力和媒体不相上下。现在有很多人，一个人的力量抵得上从前三四个人的力量，与他们相处要有相应的心理准备。

说到底，如果不是"自己真正喜欢的人"，即使两人勉强相处，关系也不会持久。

一旦两人相处起来，相互之间的联络就会变得频繁。比如在社交平台上，能够看到对方一时兴起上传的消息，收到对方日常生活中的琐碎信息，例如出去游玩以及午饭吃的什么等。而且随着跳槽和创业变得越来越普遍，一定也会有人要求和你讨论一些人生的重大决定。

虽然这些只是举例，但如果你没有"鸡蛋三明治绝对比金枪鱼和蔬菜三明治要好吃"这样的信念，那么日后与这些通过精准社交结识的人相处时，会感到很吃力的。

所以，**从一开始就要像选择三明治一样，首先面对自己，问自己喜欢的东西是什么，喜欢的人是谁。**拿出备忘录，试着写出七个"你喜欢的人"，至于为什么会是这七个人，在和他们取得联系、进行交谈之后，你就会明白自己的想法了。

寻找七个你喜欢的人

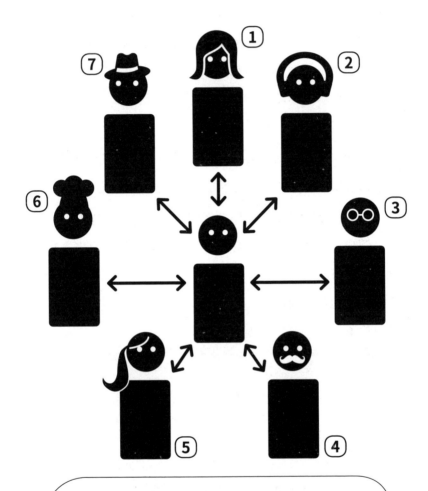

锻炼自己以"喜欢"为基准进行选择，
只和七个你喜欢的人进行联系

PINPOINT

社交法则②
不要结交把
"嗯，不过"
"虽然这么说"
这种话挂在嘴上的人

一直说"NO"也会产生新的想法

在斯坦福大学留学期间，我参加过一个有趣的表演工作坊。和"三明治的馅料"一样，参加工作坊的经历对我的启发很大。

这门课的特点是完全没有教科书和资料。主讲老师首先会把六十个学生分成十个小组，也不给组内相互讨论的时间，就突然让其中某一个组站到前面，进行"即兴"的短剧表演。

首先要从小组六个人当中选择一个人作为"发表意见的领导"一角，老师只会规定这个人的发言内容，余下五人的工作内容是要准备宴会。他们要在大家面前"用三种模式表演短剧"。

演出的第一种模式规定：发表意见的领导无论听到什么都要说"NO（不）"。

当老师告诉大家"这周末我们要举办宴会"时，表演就开始了。

因为事情来得突然，除了发表意见的领导之外，其他的五个人都不知所措。大家都一动不动地思考着，没多一会儿，不知谁小心翼翼地说了句"宴会饭菜就选寿司吧！"

提议的人略有些难为情。马上，发表意见的领导就按照老师的指示说出了"不"，听到这句，教室里马上爆发出了笑声。

"好的，那么咱们不吃寿司，来开比萨趴吧！"面对领导的否定意见，五个人开始不认输地寻找替代方案，提出了用"比萨趴"替代寿司的提议。

领导再一次按照老师的指示，提出了反对意见，说了"不"。教室里满是泄气、灰心的声音。

"如果这个还不行，那么汉堡怎么样？我家里有烧烤设备，可以一起烤肉。"

"不行。"

"嗯，汉堡也不行吗？那么热狗怎么样？"

"不行。"

无论怎样提议，得到的都是否定意见。面对领导的这种态度，五个人都不由得焦虑起来。

"墨西哥饼比较好""水果大餐比较好""是不是因为没有酒，所以领导不喜欢呢？如果是这样，我带着啤酒来好了"……各种提议一个接一个地被提了出来，可是也未能改变领导的想法。

最后，大家群情激愤，叫嚷着："如果这样，还是不要吃的了，大家就聚在一起聊聊天吧！"

对此，还是只能说"不"的领导也不由得笑出声来。

首先试着说"好"的重要性

稍事休息后，老师宣布进入"第二模式"的演出。

在这一轮演出中，发表意见的领导被要求对于任何意见都必须说"YES（好）"。

这样看起来好演啊，大家纷纷说道。

于是，对于既定的提议"这周我们开寿司聚会吧"，领导当即就开口说道"好"。

这种和刚才完全不同的态度让大家情绪高涨，大家开始大声地说"好啊，好啊"。

"吃寿司的话，超市就有卖的，不过我有日本朋友说自己在家也能做手卷寿司。咱们自己做怎么样？"

领导回复道："好"。

"我有个朋友刚刚从日本来，她家里有寿司桶，听她说用那个桶可以做醋饭。我叫她过来好不好？"

"啊，这样的话，我去买材料吧，鱼和海苔。我家附近有日本料理超市。"

"好！"

"好期待啊！难得的聚会，咱们一边吃寿司，一边开会分享自己的研究题目怎么样？也能办成一个小型学习会啊。"

"好！"

短剧变得越来越有趣，甚至到了老师不得不中途打断的地步。

真正让人感到困扰的是总说 "嗯，不过" 这种模棱两可的话的领导

"YES"短剧结束后，终于来到了最后一种模式的短剧演出。在这个模式中，领导必须说"Yes, but（嗯，不过）"。或许是在"YES"短剧中大家的情绪太过高涨了，我至今还记得大家干劲十足的样子。

"周末咱们开寿司聚会吧！"

伴随着相同的开头，短剧开始了。

与之前两场演出不同的是，这次领导要说："嗯，不过……"

"不过什么？"大家问。

领导扭扭捏捏地嘟囔道："嗯，寿司我倒是很喜欢的，不过我觉得也会有人不喜欢吧。"

成员们不服输。或许是在第一次短剧中一直被说"NO"，大家已经免疫了吧，我感觉到他们这次韧劲十足。

"我明白了。如果是这样，给那些不太喜欢寿司的人加上些牛油果吧。"

"嗯，不过……"领导回答道。

"这次是什么？"

"或许也有人讨厌牛油果，那些人该怎么办呢？"领导一副煮不熟嚼不烂的样子。

"您讨厌寿司吗？"

"不不，正像我说的，我是赞成吃寿司的。说到底，我是想尊重各种意见……"

这种谈话好像会永远进行下去，大家的心情开始烦闷起来。让人感觉不可思议的是，之前一直被否定、被说

"NO"时，大家还有笑声，相比之下，此时讨论的气氛竟然还不如一直被说"NO"时那样轻松。

这种一直磨磨蹭蹭，也不说到底是反对还是赞成的情况，使得大家无法明白领导的真正想法，大家因此变得焦虑起来。如果不明白对方的想法，人就会感到不安。当时教室里笼罩着的可怕气氛，令我记忆犹新。

对于我来说，三种模式中还是回答"嗯，不过……"这个答案对我的打击最大。

正如前文描述的那样，得到"不"这个回答的时候，大家会想出热狗、汉堡等各种可以用于聚会的"替代方案"。作为短剧来说，这种情景具有观赏性，很有趣，而且相比"YES"剧，也诞生了许多不同的创意。

相反，在"Yes，but"剧中，领导看似是赞成的，却又在"不过"的后缀中说出了各种各样的想法，这使得试图说服领导的五个人也变得固执起来，坚持用寿司作为主餐，导致双方的对话范围越来越狭窄，话题无法"展开"。

不和身边说
"嗯，不过……"的人交往

至今，我在商务场合还是会尽可能地不与那些嘴里说着"嗯，不过"的人交往。这种人只是暂时接受了我们的想法，之后还会加上各种"保留意见"。

当然，对于商务场合来说，慎重一点是有必要的，而且在重视多样性的今天，头脑中保留许多"要注意的点"也是非常重要的。但如果是这样的话，还是在最开始的时候就说"NO"更好一些。那些看起来赞成，嘴里却经常说着"嗯，但是呢""虽然那么说""虽说"的人，常常是最让人伤脑筋的。

以上是我个人对于表演工作坊的解读。当然，有时在商务场合不得不说"嗯，不过"，但在大家一起讨论新的创意想法时，最好还是避免做出这种回应。

不要结交把"嗯，不过" "虽然这么说"这种话挂在嘴上的人

明确地赞成或反对，都能促成新的意见

不明确地赞成或是反对，就无法确定真正的想法，双方谈话的内容就会越来越窄，最后趋于封闭

PINPOINT

社交法则③
先别交换名片，
直接开始交谈

名片上没写的信息更能提高亲密程度

　　从 2014 年到 2015 年，我在斯坦福学习的一年时间里，很多日本人或因出差或因调职来到了硅谷，其中也包括安倍晋三首相，这是安倍首相作为日本总理大臣首次访问硅谷。硅谷也在近年来成为日本人开始持续关注的一个地区。

　　据当时驻旧金山总领事馆的资料统计，2007 年，在包括硅谷在内的旧金山及其周边地区，进驻的日资企业有 516 家，到了 2014 年，已经增长至 815 家。包括汽车制造公司、电脑公司、饮料公司在内，许多日本企业的商务人士不断地到访这片土地，我也曾多次为这些商务人士做向导，用自家车接上这些到访硅谷的人们去参加各种集会（创业者和工程师们的聚会）。

我至今仍然记得，在将这些人引荐给当地人时，我总是苦口婆心地反复劝说他们"刚见面时可以不必交换名片"。

当然，美国人也有名片。不过基本上他们见面时会首先从握手或者闲谈开始，这是进行良好沟通的要领。特别是在硅谷，**与其谈论各自的职位，不如与初次见面的人谈论"最近在做的有意思的事""工作上的展望和梦想""关注的新公司（今后可期待的新兴企业）"等。**

名片的意义已经没有以前那么大了，这一点在日本也有所体现，因为人们的头衔和联系地址在更加频繁地变换着，名片上所写的公司地址和电子邮箱也经常发生变化。

而且，替代交换名片的交流方式也在不断地增多，比如各种社交软件，必要时，双方相互当场交换社交账号就可以了。大家可以当场打开电脑，询问对方的电子邮箱，因此，事后再去查看名片这件事正在逐渐失去意义。

不过，无论世界如何发展，如同在日本社会商务和生活中依然根深蒂固的"盖印章"一样，习惯是件非常恐怖的事情。即使明白各种道理，但日本人见面时如果不交换名片的话，还是会感到尴尬。而且如果对方拿出了名片，自己却没有，会感觉很奇怪，对于对方来说也很没礼貌。

于是，在交换名片后，我会尽可能地**不谈及企业名称和头衔，而是转换话题询问对方"最近关注的新闻"**等等。这样做，可以拉近与对方的距离，而且能够发现对方身上你不曾发现的一面。有时在交谈中会发现，外表看似很认真的老牌印刷公司职员，却在兼职做着设计师或经营着一家小型网店；有时也会通过闲聊发现，彼此的老家离得很近，等等。

如果想要知道对方是否是自己打造精准社交时考虑的对象，或者想要挖掘对方独有的特点、增加彼此的亲密度，那么就要尽早将话题转到"名片以外的内容"，这是谈话的要点。

"在一张 A4 纸上写下三条备忘录" 是小型谈话的要领

我曾多次被斯坦福大学的教授邀请参加家庭聚会。几杯葡萄酒下肚，稍有醉意的教授曾说过："日本人很羞涩，所以不擅长进行小规模谈话。"本书的开头曾提及过社交聚会的话题，据说，英语中把这种聚会上不看名片的"小型谈话"称为"small talk"。

这位教授很照顾留学生，他说，我们日本人尤其不擅长小型谈话。

教授告诉我，在参加小型谈话前，可以先在校园内小卖店买那种黄色笔记本（A4 纸大小也可以），提前用英文写上三条备忘录。

第一条备忘录的内容，就是你的工作和你所研究的题目。

据说日本企业派遣的在职人员留学生总是要在备忘录上写上具体的企业名称和自己的头衔，但教授说，这些"绝对不要写"。

教授给出的建议是**"要写自己对什么最能倾注热情"**。比如，当时的我不能写"朝日新闻社记者"，而要写"想要在封闭的日本，创建大家都能自由发言、积极交换意见的沟通型社会"。

在做自我介绍时，稍稍涉及自己所在行业存在的问题，并说明想要怎样解决，这样便为自我介绍添加了"故事性"。这是我学习到的一点。

第二条备忘录要写食物。每个人都有自己喜欢的快餐店或者饭店。写下这些店的名字、招牌菜是什么、店内的服务员具有怎样的特点，这样就一定会找到闲谈的话题。

食物是永恒的话题，也是大家都能愉快交谈的话题。出于宗教等原因，有些食物你可能是不吃的，也有人是完全不沾鱼、肉、乳制品的素食主义者（vegan），把这些都写下来，这样一下子就能突出你独特的风格。

第三条备忘录要写"想向对方询问的事"，要求至少写出三项。教授最后说道，闲谈的秘诀"不在于自己说得多好，而在于很好地倾听对方"。

你可以向对方询问刚刚提到的工作、食物等话题，最近读到的有趣的书或是觉得好看的电影也是常用的话题素材。

此外，教授还说道，谈话中必然能够用到的话题是"关于孩子的烦恼"。自己的儿子、女儿或是朋友的孩子都可以，提前询问他们对于"将来的考虑"。例如，"自己的外甥对于该上大学还是直接就业感到困惑，也在烦恼想做的工作。您所在的行业里，哪种人最成功呢？"听到这样的提问时，大多数人都会不知不觉地跟我们讲很多。这是很有效的"实用建议"。

没有人会讨厌解答孩子们的烦恼，这种话题很受欢迎。而且，**越是对工作上心的人，越是能给出你认可的答案。**

我问过我的孩子有什么梦想，他说想当医生。他还只是一名小学一年级的学生，我并不觉得他深入地思考过这个问题。

即便如此，在和别人闲聊时，当我问到"怎样才能当上医生呢"这个问题时，即使是对医疗行业不是很了解的人，也会从自己的就医经历出发，谈及自己心目中"理想的医生形象"。而精通心理学的人会给我建议说："医生如果也能接受心理咨询师的培训，那么他们面对患者时就会变得更亲切。"

通过这样的提问，谈话的内容便从普通的闲谈升级，产生了质的变化。进行内容丰富的小型交谈也是打造精准社交的要领，这也是我所学习到的。

小型谈话的要领

① 关于工作和研究的题目等

　·自己对什么最能全情投入？

② 关于食物

　·自己喜欢的餐饮店、店内的招牌菜、服务特点

③ 自己想向对方询问的事

　·至少三个问题

　·"和孩子有关的烦恼"是绝招！

在一张 A4 纸上写出以上三条备忘录

☞ **PINPOINT**

社交法则④
为自己配备一位
商业教练

向"30分钟赚2000日元"的
教练征询意见

　　与在校大学生以及硅谷的创业家结识后,让我感到吃惊的是,他们不少人都拥有自己的商业教练。

　　一提到教练,人们往往想到的是体育训练的指导者,不过,这里我说的教练,是那些能够与之商量工作上的问题的人，**是能够为对方打气、通过交谈帮助对方处理复杂工作的人。**在美国，有些著名的商业教练会受雇于一些经营管理者。

对于商业教练这个称呼，我之前也略有耳闻，不过我的第一反应是，商业教练是专门服务于企业的 CEO 和董事会成员的，平时就是同他们在摆放着皮质沙发的房间中进行深入交谈。

而在斯坦福大学，一个仅用一台 iPad 就想要自己创业开发农业支持系统的女生，也会雇用商业教练。我半开玩笑地说："你还没赚钱，好奢侈啊！"得到的却是她满脸的嫌弃："你什么都不懂。"

商业教练是她的一个熟人。对方并没有考取什么特别的资格证书，只是把这当成副业赚些小钱。通过网络电话"Skype"，每周同咨询者进行 30 分钟左右的谈话，咨询费换算成日元在 2000 元左右①。这并不是一个高得离谱的价格。

_____

① 以 1 人民币 =15.7531 日元换算，2000 日元约为人民币 127 元。
——译注

我让她将那位教练介绍给我认识。这种训练只需打开笔记本电脑，连上网络就可以了，所以我利用课间在校园内的咖啡店接受了训练。感觉就像是教练在身边利用空闲时间同我稍稍进行了一场轻松的交谈一样。

刚连接上 Skype，教练便出现在了画面里。他的身后摆放着书架，由此我推想对方一定是在自己的书房里。简单地自我介绍之后，我们迅速进入了训练。

我主要说了两件事。第一件事是自己当时在大学生活中遭遇的烦恼：斯坦福大学有魅力的课程实在太多，导致我不知该选哪门课好。

第二件事与其说是烦恼，不如说更像是抱怨，那就是为什么日本没有像硅谷这样的地方。我说自己羡慕斯坦福这样能和闻名世界的 IT 企业位于同一个地区的学术场所，羡慕这里能够聚集这么多优秀的学生和创业家。

教练作为倾听者，一直静静地倾听我讲话，虽然我们并不是在摆放着皮质沙发的工作室里，但是对方一直说着"YES"，给予我肯定。我也因此心情大好，说得越来越多。

直到训练时间还剩大约十分钟，咖啡也已经喝了大半杯的时候，教练对我说："你的烦恼可以分为两类。"

他说，**大多数人的烦恼只有两种，分别是"白宫的烦恼"和"咖啡的烦恼"。**

前者中的"白宫"，不言而喻，指的就是众所周知的美国总统居住兼办公的地方。

所谓"白宫的烦恼"，指的是总统、专业人士和阁僚应该一起努力去面对的世界级课题，例如"如何消灭战争""缩小贫富差距"等等。当然，这些烦恼是凭个人的力量无法解决的，甚至可以说，这些是人类永远的主题。

而"咖啡的烦恼"指的就是那些和朋友、领导或者家人一起去咖啡店，边喝咖啡边商量就可以解决的问题。我觉得这个比喻真是太有趣了。

这次训练我向他提到的两个烦恼中，"日本没有像硅谷这样 IT 企业和创业者云集的地方"就属于"白宫的烦恼"。他给我的回答是："等你成为日本的首相以后再考虑这个问题吧。"

而对于该选哪门课的问题，他让我至少找两个与自己性格完全不同的同年级学生，分别与他们边喝咖啡边讨论，并"让他们来做决定"。他说："咖啡的烦恼，就用咖啡解决掉。"

听起来似乎教练没给出什么像样的建议，但我还是认真地思考了他的建议，并立刻找到与我的兴趣以及关注点完全不同的两个人，一边喝咖啡一边聊聊自己该选哪门课。

从那以后，我和教练没有再交谈，我也变得更加忙碌，没有再接受训练。

尽管如此，"白宫的烦恼"和"咖啡的烦恼"，这种区分方法至今仍让我受益匪浅。

我意识到了通过"训练"来与人探讨问题，而不是和某人漫无边际地聊天的重要性。

无论是谁，都有过向家人朋友坦率说出自己小烦恼的经历吧。这样做也可以消除压力，但一般这种谈话会持续很长时间，而且最终也不知道大家都说了什么、得出了怎样的结论。相比之下，用付钱请"教练"的方式替代同朋友或熟人聊天，能够得到完全不同的谈话结果。

拿出时间，
与朋友进行"三十分钟训练"

日本公司曾经引入过"导师制度"（Mentor），这种形式与商业教练稍有不同。自 2000 年起，日本大型冷冻食品公司日冷（NICHIREI FOODS）就开始引入"导师制度"，由老员工指导新员工。

我也曾听过针对"导师制度"的批评之声。年长的商务人士或许会认为没有必要引入导师制这种刻板的制度，觉得"自己年轻时，和前辈、领导同甘共苦，总能得到他们的指导"。

不过，正如我们论述的那样，当今时代，公司组织结构和人脉的打造方式都越来越具活力，相应地，人们也越来越需要导师制那样的新方法去打造精准社交。

实际上，日冷公司也曾有过新人在入职三年以内离职率超过 5% 的情况，而这种情况在引入导师制后明显有所下降。

在工作方式趋于多样化的今天，每个人想要在企业内实现的目标也会有所不同，因此，请商业教练或者导师的行为也是能够理解的。

特别是在传统的终身雇佣制逐渐式微的形势下，同事之间难以产生深刻的联系。我本人也是这样，作为一名内向人士，我很少参加聚会或者公司举办的活动，所以有时在职场中找不到可以商量的对象。

前面已经说过，我是朋友比较少的那类人。不过，对于重要的朋友，我会尽可能地做到礼貌且精准地交往。

但是随着彼此的关系越来越亲密，我们也会产生错觉，误以为彼此之间"过于了解"，导致有时会靠惰性来进行谈话。

这时就需要拿出勇气，拜托对方来做"指导教练"，如此一来，你们之间就能进行完全不同的交流了。

当然，如果每周都这么做的话，时间和金钱上都会吃不消。只是偶尔付钱给自己人际关系中的某个人，或者请他吃饭，让他只听三十分钟自己的烦恼，这种做法还是不错的。

为自己配备一位商业教练

· 每周设置三十分钟的训练时间
· 拜托精准社交中的某个人来做自己的教练

PINPOINT

社交法则⑤
用抽象的话语展开
对话和思考

提出抽象问题，驱动想象力

虽然我在斯坦福只待了一年，但小时候也有过在美国接受教育的经历，因此经常被各种各样的人问及日本大学生与斯坦福那样的美国大学生之间的差距在哪里。

虽然大家都这样问，但在我的实际感觉中，两国学生之间的差距并没有人们想象的那么大。理所当然地，斯坦福大学也有优秀的学生和不认真的学生，日本的大学也是一样。我也不觉得像某些杂志专题报道中所说的那样，"日本的大学在崩塌"，也没有觉得在斯坦福学习的大学生全都是"出类拔萃的精英"。

只是，在被问及这个问题后，我倒是开始思考日美学生之间的差异了。如果硬要举例的话，那便是，我认为**斯坦福的学生中，擅长"抽象谈话"的人要比日本多。**

举个例子。

我在留学的时候，当大家得知我是媒体行业的从业人员时，首先会询问一通关于日本报纸和电视情况的问题，随后一位斯坦福大学的学生便提出了一个抽象的问题："在每天忙碌的时候，如果能有一个不依靠文字信息就能得到消息的 APP 就好啦，对吧？"

"不依靠文字信息"这个说法听起来稍稍有些难，但是正因为这个描述不那么具体，所以给我留出了发挥各种想象力的空间。

"那应该用视频看新闻，还是用味道感知新闻？"

这个提问将我的谈话和思考的范围扩展了几十倍。

提醒那些只说"具体事物"的人

这一节的内容和我们刚刚提到的话题也有关。我有时也会被斯坦福大学的研究人员"批评",准确地说,我是代表"日本媒体的从业人员"遭到了批评。

这位研究人员是一位"日本通",在校园举办的研讨会中接触过日本企业和日本的留学生,也为出差来硅谷的日企干部做过向导,连日本报社、电视台的人也会前来拜访他。

他提出的批评是"日本媒体人经常用电车打比方"。我觉得这句话非常奇妙,于是决定继续倾听下去。

他说自己询问日本的媒体从业人员,"对你来说,理想的新闻 APP 是什么?",得到的回答是"在无轨电车中能看到'当天新闻'的 APP",或者"在回家的无轨电车中能听'当天商务新闻'的 APP"。

这位研究人员觉得这两个回答都是很好的创意,但是"在无轨电车中"这个例子举得实在太具体,让人难以理解。

斯坦福大学不仅有来自美国各地的人,还有来自全世界不同国家的人。所以当提到"无轨电车"时,他们不知是该想象日本拥挤的无轨电车,还是自己国家的公交车。

"请举出具体例子""谈话不要太抽象"，这是今天我在某个公司听到的领导对下属说的话。但这位研究人员却说**"具体的事物会有损多样性"**"抽象的话题能让谈话变得暧昧模糊，使更多的人能够参与进来"。

确实是这样。

在职场中，暧昧这个词经常被当作消极的词语，其实它也有优点，**它容许人们进行多样化解读，因此，即使谈话者对于主题不是十分了解，也能加入到谈话当中来。**

举个例子。

从离斯坦福最近的车站到美国的大都市旧金山之间有一列加州火车（Caltrain），其拥挤程度远不及日本总是满员的无轨电车，甚至人们可以拎着自己心爱的自行车上车。车站的检票员也不检票，售票靠的是自动售票机，而且有时列车还不准时。

如果你从车窗向外望，能够看到田园风景，气氛悠闲，怡然自得。当然车厢内也有人摆弄着手机，这一点和日本并没有不同，但是乘客完全没有那副手抓吊环、表情焦躁的样子。

同样是在美国，斯坦福周边的公交车里的乘客的样子，和纽约公交车里的乘客的样子就会有所不同，何况肯尼亚的公交车和德国的公交车。

我深刻地感觉到了"具体会损害多样性"这个想法的有趣之处。（想深入了解、向下深挖相关内容的人，敬请阅读经济咨询师细谷功先生的《具体与抽象》。**在这本书中，作者深入地论述了抽象谈话比具体谈话具有更高的"解释自由"，**读完之后，你就会理解构思"抽象的工作"与实现"具体的工作"之间存在的区别。）

使用关键词，实现抽象谈话

可以说，抽象的谈话更接近谈话的本质。

以下面这种现象为例：

"纸质报纸销售情况不好，实体店举步维艰，年轻人都用智能手机看雅虎新闻"。

这种谈话就过于"具体"，使得谈话容易走向更细小的问题，比如"贩卖纸质报纸的实体店没有时效性""雅虎新闻的发布方式"等等。

相反，如果我们像下面这样展开话题，看看会如何。

我：最近，纸质报纸销路不好，配送报纸的实体店经营也很艰难啊。因为年轻人在电车中都是用手机看雅虎新闻以及其他新闻APP。

对方：是啊，真是艰难啊！您认为为什么会产生这种情况呢？

我：我觉得是因为"起居室消失了"。

对方：起居室？

我：过去大家聚集在起居室，家里人一起看同一档电视节目，餐桌上放着爸爸的报纸，有在"起居室"享受阅读的文化。而现在，这种文化消失了。

对方：确实，我也会在星期日看爸爸看完的报纸，因此记住了许多文字。那种情景越来越少见了。"起居室"，真是让人怀念啊！

我：是的。自从智能手机出现后，"户外消费"增加了，人们不在家也能看新闻、电视节目了。

对方：我也是在外面浏览新闻，不在家里看报纸了。从这个意义上讲，或许"户外消费"确实变多了。

这段对话的诀窍是，通过使用关键词"起居室的消失"以及"户外消费"等，提升了话题的抽象程度。

顺便提一句，这是我和某咖啡连锁店经营管理者之间实际进行过的对话。**她对于新闻行业的未来完全没有兴趣，但是通过关键词，我们的谈话得到了扩展。**

按照她的说法，咖啡也成了一种"户外消费"。她说，星巴克咖啡通过将自己标志性的商标印在纸杯上，使得在外面边走边喝星巴克咖啡成了一种"时尚"。这与那种在传统咖啡店烟熏缭绕的气氛中，慢慢啜饮咖啡度过几小时的消费风格完全不同。

确实，我们可以看到在户外单手拿着星巴克纸杯、边走边喝咖啡的人渐渐多了起来。她说："星巴克把客人带到了户外，这也算是一种'户外消费'，对吧？"

我对此深表赞同。

提高谈话的抽象程度，对于那些与自己的工作及所在行业不同的对象来说，意味着话题变得"开放"。如果只说诸如"新闻和无轨电车""雅虎新闻和报社的衰退"等话题，就变成面向媒体行业的谈话了。

当然，在工作中有很多需要进行具体谈话的场合，但是我们并非是在老旧的组织里，想要打造的也不是僵化的人脉关系，而是精准人脉，这时就有必要尽可能面向更广泛的人群敞开心扉。

刚刚提到的"无轨电车"，对于在小地方工作的人来说也是难以理解的。

我妻子是九州人，她在来东京之前没有坐过满员的无轨电车，只是和朋友偶尔乘坐一次。她说，一提到"无轨电车"，她脑海中浮现的场景只有车窗外恬静的田园风光以及车厢内零星的几个乘客而已。

如果东京人突然很具体地提起"在电车上能看新闻的APP"，对于来自日本偏远地方或者来自海外的人士来说，将会是一个难以展开的话题。

拥有自己的"口袋关键词"

抽象程度高的话题，这听起来似乎很难。对于有这种感觉的人，我建议您在心里提前准备好"口袋关键词"。

刚刚提到的"起居室的消失""户外消费"就是这样的关键词。

看报纸、看电视时遇到了有趣的词，或者在和某人聊天时觉得某个说法很棒时，就记录下来，投到"大脑口袋"里。也可以转转书店的商务书籍摆放区，只看看那些书名也好。这样收集大量的关键词，偶尔拿出来自己编辑一下，再放到"心灵口袋"中。这样，在和某些人交谈时，就能信手拈来。

我在和咖啡连锁店的女性谈话时，也一度将自己行业的问题抽象化，以"户外消费"为主题与其进行交流。

打造精准社交的秘诀是，尽可能地同与自己平时的生活圈或所在行业有一定距离的人进行对话，这样才能在真正意义上与重要的人产生关联。

通过那些"外人"，看到自己能力的不足之处或者没有意识到的固有观念，这也正是与他人相遇的魅力之一。

用抽象话语展开对话和思考

具体的谈话会缩小解读的范围，要加以避免

在头脑中记录有趣的关键词

☞ **PINPOINT**

社交法则⑥
用纸和笔吸引别人

用纸和笔与对方交谈

接下来的做法或许和"抽象化很重要"这个论点相互矛盾，那就是通过"超级具体的事"也能和对方产生关联。所谓"超级具体的事情"是针对谈话的内容而言，利用对方面前真实存在的"物品"进行表达。

这是我在斯坦福大学时，在拥有"设计·思考"这一最先进的教育理念的"D.school"①学习时的事情。其中有个题目是让大家思考"理想的新闻 APP"（不好意思，我一直在讲 APP 的话题），发给大家的是纸、细绳、签字笔、剪刀等物品。

我们组在制作 APP 之前，先从一些"抽象的讨论"开始，讨论了"为什么没有人再看报纸"以及"什么是信息收集"。

大家在一边贴便利贴一边讨论的过程中，得出的结论是："因为每天的信息量过大"。基于这个假设，我们决定思考制作一个新闻网页，把读者不关心的信息从页面中隐去。

这个新闻网页是这样的：读者登录网页时，可以选择自己不感兴趣的题目，比如讨厌"政治"就选择"政治"。我们提供的服务是，如果网站出现与"政治"相关的新闻，就会为用户"隐去"。

我们以这个创意为基础制作了网页，只使用了刚刚得

---

① D.school：全名 Hasso Plattner Institute of Design，硅谷设计学院，由知名设计咨询公司 IDEO 创始人、斯坦福大学教授大卫·凯利（David Kelley）创办，因接受欧洲最大软件公司 SAP 创始人哈索·普拉特纳（Hasso Plattner）的捐助而得名。　　——译注

到的纸、剪刀等物品。

同组的同学取出自己的笔记本电脑，找到美国著名报纸《纽约时报》的新闻页面。用剪刀裁剪白纸，贴在页面上的一些新闻上，将其遮盖住，如此制作出隐去用户不感兴趣的报道的页面。

"试做作品"在五分钟内就完成了。

更重要的是之后发生的事。我们将贴满纸的电脑屏幕带到大家面前，让周围的学生、老师、作为客人来到课堂的公司职员以及大学教授们去触摸我们的"试做作品"。

我们马上发现，现实情况和当初预想的完全不同，不断有人想要撕掉贴纸，理由是"反而想要看看隐去的是什么新闻"。

真是让人意外的反应啊！于是，我们匆忙将纸剪成漫画的"对白框"的样子，追加了新功能——展示出被隐藏的新闻的"标题"和"对于那则新闻感兴趣的朋友的照片"。

或许喜欢窥视是人的本性吧，大家都翻开纸看了看。结果，网页向读者提供了全新的体验：通过"翻滚"这种像玩游戏一样的操作，让大家去翻看自己平时不喜欢的报道，从而为读者提供了新的阅读体验。

我在遇到重要的人或者觉得今后会有深度交往的人的时候，就会应用这种方式，马上在笔记上画图，有时会真的用剪纸的方式将自己的想法"有形"化。

我会随身携带便利贴，有时会当场就在咖啡店的桌子上贴满便利贴。

这样做必然会给对方留下深刻的印象。即使例子举得不够好，谈话也能取得良好的效果。对于这样"有形"的东西，甚至会有人问我"可以把它带走吗"，然后就真的很珍惜地放到包里带走了。用物品吸引别人，也是打造精准人脉的一个秘诀。

用纸和笔吸引别人

五分钟内试做的作品

得到大家反馈后
加以改良的作品

比起"强加于人"式的推销，更要有具体的行动

　　硅谷有位著名的销售人员，名叫角野贤一，在饮料公司"伊藤园"负责销售工作。他是那种性格颇为内向的类型，甚至那种别人给他介绍客户的重要聚会，他也会拒绝参加，说自己想要"在家看 DVD"。

　　印象笔记（Evernote Japan）的董事长外村仁建议角野贤一："日本那种推动式（push）的推销（制造商积极进行宣传和推销从而让消费者购买的推销战略）在硅谷是行不通的，必须采用更能让当地工程师们自愿去购买的拉动式（pull）推销（让消费者自愿产生'想买'的愿望）。"他接受了这个建议，后来采用独特的手法，将自己公司的茶成功打入了硅谷。

　　角野先生放弃了以往上门推销的工作方式，转而带着装有许多瓶装茶的桶，参加了工程师们的聚会活动和研讨会等，在那里给大家发茶。

于是很快，"有位奇怪的日本人带着茶在那里徘徊"的消息不胫而走，他在硅谷渐渐地拥有了存在感，主动和他交谈的工程师、创业家也慢慢地多了起来，角野先生便顺势向大家宣传伊藤园茶的魅力。

"我们的茶和碳酸饮料不同，是无糖的、健康的""我们的茶一天喝多少瓶都可以，还有放松的效果"……经过这样的宣传，开始有人整箱地购买他公司的宝特瓶装茶，也有人定期为办公室采购。角野先生带着桶去参加所有的活动，一个人带着所有货物四处奔走。时间久了，名叫"喂！来喝茶"[①]的宝特瓶装茶在硅谷企业中声名鹊起，销售额剧增，品牌形象也大幅提升。

这也是一个通过物品和超级具体的行动，与想沟通的人精准对接的技术案例。或者，也可以说这是一个将"精准社交法则"应用在营销上的案例。

---

① "喂！来喝茶"：伊藤园 1989 年推出的一款绿茶。　　——译注

使用具体的物品吸引人

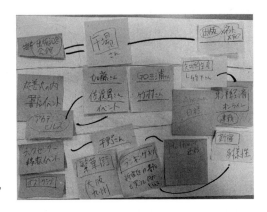

使用便利贴，
让问题"看得见"

使用素描本
做一个连环
画风格的陈述

使用具体物品，现场制作，
会给对方留下深刻的印象

PINPOINT

社交法则⑦
在充满变数的时代里
寻找"微小的变革者"

在不良人士活跃的时代，
寻找具有"破坏愿望"的人

　　"不良人士的武器是谈话"，和我讲这句话的是知名的新宿歌舞伎町头牌男公关手冢真树先生①。

———————————

① 此处日文原文为假名，"真树"是译者中文译过来的名字。
　　　　　　　　　　　　　　　　　　　　　　　　——译注

手冢先生作为男公关也是超一流的，不过，他"在银座开书店的爱书的知识分子"这一身份更加为人们所熟知。他说："不良人士想要向上爬就要擅长谈话。成绩好的人用名片和文档资料那样的'文字'去战斗，不良人士用'谈话'来决胜负。"

手冢先生同时也是一家拥有两千五百名男公关的俱乐部的管理者。

他说，**在男公关的世界里，比起用电子邮件传达事情、用合同规则来约束对方，不如口头说服对方，用吵架的方式向对方传达自己的想法，这样更"奏效"。**比起看名片，不如看面前的对象"在说什么"，这样更具有震撼力。

通过谈话一决胜负，而非文字。听到手冢先生的话，我深以为然。

可以说，当今的时代是一个通过谈话驱动的"动荡时代"，因为依靠官职和大企业职员等旧的等级头衔的"优等生"们现在已经行不通了。

从这层意义上看，我一直拿来做例子的斯坦福大学所在的硅谷地区，也是一个"动荡区域"。

在美国纽约和华盛顿所在的"东海岸",人们工作时都是西装革履,但在硅谷所在的"西海岸",人们都是 T 恤加短裤的打扮。创建脸书的 CEO 扎克伯格也因常穿 T 恤、连帽卫衣而让人印象深刻。

他们可以说是稍有些御宅①倾向的内向型不良人士,但并不是那种偷到摩托车后迅速逃走、打破人家玻璃的不良少年。

西海岸创造的因特网文化具有"反权力"的特点,否定了已有的大企业和组织。比起大人物的著书立说,街头年轻人发布的推特更具影响力;比起国家中央银行发行的"货币",他们对虚拟货币怀有更高的期待。

能够乘坐普通人开的车,这是诞生于硅谷的优步(Uber)提供给我们的服务。我觉得其创始人是用一种"捣毁既有出租车业界"的气概来做这项事业的。

"破坏愿望"十分强烈也是硅谷所具有的一个特点。

---

① 御宅:源自日语中"お宅/おたく"一词。广义上指热衷于亚文化,并对该文化有极度深入的了解的人;狭义上是指沉溺、热衷或博精于动画、漫画以及电子游戏的人。　　——译注

而且硅谷最喜欢"交谈"。从积极的意义上讲，这是一群"想要搞破坏"的人，他们聚在一起，把想到的创意和某人谈一谈，然后便一往无前。创业家、会计师、大学生、教授，我在硅谷每天都会遇到具有这种气概的人。他们看起来稳重，可一旦深入谈话，就一定能发现他们是内心潜藏着"破坏愿望"的人。

脸书因搜集个人信息、捏造新闻和扩散仇恨言论等问题遭到了批评，硅谷这个闪闪发光的词语也开始若隐若现地暴露出了阳光背后的阴暗面，这是事实。即便如此，还是有那么多不同于传统的精英人士的人能够在硅谷大放异彩，我觉得日本该向硅谷学习的地方还有很多。

打造精准人脉，
要重视谈话中的"破坏性"

在第一章中我们提到，使用 Skype 等工具进行语音沟通的交流方式比用文字速度更快。当时，我们谈到了谈话"快速"的一面，接下来我想讨论一下"破坏"这个关键词。

名片和文件所象征的"纸面文化"，其特点是一旦打印出来就不能变更。提交给领导和客户的文件，理所当然要经过多次检查，防止出现纰漏，这在商务场合是非常重要的，但是与此同时，"纸面文化"也有不可回避的缺点，那就是会培养出两种不好的思考方式，这两种思考方式是：

（1）无法颠覆已经确定的事情；

（2）因为怕犯错、怕被误解，所以变得更慎重。

相反，手冢先生和硅谷的"谈话文化"就具有如下两个优点：

（1）说出的决定也能马上撤回；

（2）即使产生误解，通过多次对话也能做到意识相通。

通过精准社交打造的人际关系重视的是"谈话文化"而非"纸面文化"。这种文化在面对对方的错误和误解时，会采取更宽容的态度，同时也能够意识到事物会不断发展变化这一事实。

找出身边的"微小变革者"

自己创业也好、参政也好，都是走向社会"变革"的第一步，世界上的人并非都能发动"巨大的变革"。

不过，即使不为人所知，仍有很多人在努力进行"1.1倍"的改革。这是我个人的切身感受。

如果能做到有别于昨天的"1.1倍"，那么今天就是"1.1"。这样不断地重复着，很快就能超过"2.0倍"。继续不断地累积，就会是"3.0倍"。

即便只是重复"1.1倍"的改革，自己的人生也会因此变得不同。

我们要和那样的人成为朋友，哪怕只有几个人，甚至只有一个人也好。看见对方的成长，自己也会受到刺激，从而发生改变。去发现进行"1.1倍"改革的人，也是打造精准人脉的秘诀。

以上是我在斯坦福大学所学到的面向内向人士的社交法则。

与进行微小变革的人产生关联

- 通过交谈寻找具有"破坏愿望"的人
- 寻找持续进行 1.1 倍改革的人

一直以来，市面上出版的与"社交法则"有关的书籍，私以为多是为那些我们无法模仿的"社交狂人"所准备的。而在这本书中，我所选取的只是一些简单易行的方法，即便对于内向的我来说，也是可以毫不费力地进行实践的。

1. 寻找七个你喜欢的人

2. 不要结交把"嗯，不过""虽然这么说"这种话挂在嘴上的人

3. 先别交换名片，直接开始交谈

4. 为自己配备一位商业教练

5. 用抽象的话语展开对话和思考

6. 用纸和笔吸引别人

7. 在充满变数的时代里寻找"微小的变革者"

请使用这七则社交方法，去打造你独有的"精准人际关系"吧！

第 **3** 章

精准社交法则的
三大优势

一切良好的忠言，不论来自任何人，必须产生于君主的贤明，而不是君主的贤明产生于忠言。

——马基雅维里《君主论》

PINPOINT

改变"职业"
"新项目"和"组织"的
精准社交法则

前面我向大家介绍了在斯坦福学到的"七条社交法则"和一些适合日常生活使用的简单易学的方法。

虽说这是在遥远的美国西海岸学到的知识，不过学成归国后，我依然会在工作中充分应用这"七条社交法则"。此外，在每天的采访当中，我也能切身感受到，第一章中所提到的促使人际关系发生深刻变化的四大时代潮流，正变得愈发跌宕起伏、波澜壮阔。

在第三章中，我们来看看在日本的商务场合，"精准社交法则"到底有什么优势吧。

自入职朝日新闻社以来，我始终对出人头地没什么兴趣。当然，能力得到认可、受任较高职位，这无论对谁来说，都是值得高兴的事。但是，越是在这样的大公司，要想出人头地就越需要付出巨大的努力。在公司内搞好人际关系，努力让领导记住自己，努力得到领导的爱护，这样才能在同期入职的同事中笑到最后。但我这个人向来不喜欢跟不投缘的人打交道，所以也一向对这种错综复杂的内部竞争置之不理。那是一个靠精准社交法则赢不了的时代。

而身处现在的时代，与其说只和"喜欢的人"打交道很多事也能做成，不如说，如果不和"喜欢的人"建立联系，很多事根本就做不成。如今的社会，一个人可以不考虑自己在组织中的资历以及上下级关系而自由行动，任何人都能轻易地与他人结交。在这种大环境下，如果不能和自己认定的那个人建立联系，就无法得到真实的信息。精准社交的时代来了！

接下来，我们来介绍一下精准社交法则的三大优势。

第一个优势是能够自由设计自己的职业。

在公司的规章制度中，像双六游戏^①那样一步一步推进的职业构筑方式，早已成为过去式。在这种大环境下，新型社交方式对于促进个人事业的发展非常重要。

第二个优势是可以启动新项目，促进业务发展。

第三个优势是创造契机，改变陈旧的组织结构。

---

① 双六游戏：日本的一种棋盘游戏，与大富翁类似。　　　——译注

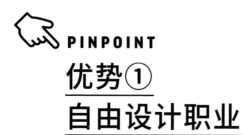

PINPOINT
优势①
自由设计职业

所谓换工作，
不过是把简历挂在了网上而已

　　第一个优势"职业设计"是精准社交法则的显著特征之一。这一点来自我的亲身经历。

　　我从朝日新闻社辞职到《赫芬顿邮报》做主编时，是三十六岁。

　　当时赶上前一任主编突然离职，美国总部的负责人正在寻找下一任接班人。

那时的我不过是一个不知名的日本记者,《赫芬顿邮报》美国总部的人不可能听说过我。

不过,我曾在流行于美国等国家的一个叫作领英的职业社交平台上写过自己的简历和对媒体行业的一些看法,这些东西对我最终成功入职起到了很大作用。

在领英上,除了个人经历,我还写了自己目前做的研究以及对于未来的畅想,是一篇有关在斯坦福留学时研究的课题的文章,题目是《人工智能和人类,谁适合做媒体巨头?》。

美国总部的负责人偶然看到了这篇文章,他认为"今后的网络媒体主编,不仅要会写新闻稿、做编辑,也要善于思考在不久的将来,媒体行业该如何存在",就这样,我成功进入了面试。

曾经也有前辈问我"你是什么时候开始跳槽求职的",其实我当时只不过是登录了一个新的社交平台,在上面发表了自己的文章而已,完全没有换工作的打算。在朝日新闻社的工作既愉快又充实,实在没有辞职的理由。

或许在过去的社会，信息和机会都集中到了那些不断扩展人际网络的人身上，而内向的我可能不会收到换工作的邀请。

　　然而，在如今的社会，每个人都可以在网上发表自己的看法，即使不去主动了解，信息也会自己找上门来。这样一来，即便是内向的人，只要在网上上传自己的简历，也会被人准确地找到，不是吗？

带地图不如带指南针，
要相信你喜欢的人

　　面试时，我并没有浪费时间去用所谓的"优势"来吸引对方，相反，我想根据自己能否"喜欢上对方"来决定是否换工作。

　　当然，工资和美国总部的经营战略也是我进行判断的重要参考，这方面信息除非真正进入公司，否则是不会知道真实情况的。虽然面试官不可能说谎，但是在瞬息万变的互联网企业里，因为开展新事业或是调整预算等原因，战略是很有可能随时变化的。

但比起这些，我想到的是，如果成功入职，那么我很可能会和眼前这位美国领导频繁接触吧。因此我认为更重要的是我能否"喜欢"上这位领导，并且能在任何情况下和他共事。

美国麻省理工学院不断创造出划时代的发明并提出新创意，其媒体研究所前所长伊藤穰一先生针对现代社会，曾提出"这是一个'地图不如指南针'的时代"。

当你身处一块地图也没有记载的未知土地上时，与其带一个画满了世上所有区域和道路的地图，倒不如带一个能辨认方向的指南针。

划时代的商业模式如雨后春笋般出现，人工智能和机器人进入职场的时代也近在眼前。在这样一个瞬息万变的时代，比起一个事先写满了职业规划和人生战略的"地图"，人们更渴望有一个能帮助自己随时辨别前进方向的"指南针"。

于我而言，所谓的指南针就是"和真正有趣的人相遇，并喜欢上对方，和这个人一起工作"。

因为棘手的人际关系而消耗人生，那是得不偿失的。跟随自己认定的那个人的脚步去构筑自己的事业，这才是时代的大势所趋。

转职《赫芬顿邮报》时，我确实也曾犹豫过。当时，《赫芬顿邮报》的日本版是一个刚刚建立三年的新兴网络媒体，知道这个平台的人少之又少，随时都有垮台的风险。

那时，我的大儿子上小学三年级，家里有很多地方需要花钱。如果我继续留在朝日新闻社，工资也相对稳定，至少在一定程度上还能维持生计。

之所以在这种情况下还决定转职，是因为我得知，面试我的一个来自美国总部的名叫尼古拉斯的人，将会在我入职后成为我的搭档，我感到和他"很投缘"。在做出这个决定时，我使用的就是在第一章和第二章讲过的几个方法：

对我来说，那时最重要的就是和尼古拉斯的精准相遇。说得极端一点，这就是我决定转职的唯一因素。

正是因为精准社交法则，我才有了今天的事业。

依靠精准社交法则成为企业经营者

依靠精准社交法则的力量，成为企业经营者也是有可能的。

我的好朋友秋山淳一先生，目前在冲绳经营一家鞋店。他其实是东京人，从学习院大学 [1] 毕业后，进入了一家大型化妆品公司工作。一次，他受大学时期前辈的邀请去冲绳，碰巧遇到了某保健食品公司的社长。

这位社长一直以来都在做"注重交流的经营"，每天都会花一个小时的时间开晨会，有时甚至会延长至三个小时。

在晨会上，这位社长会努力地把自己的想法传达给员工，包括同顾客打交道时发生的趣事，通过小故事的形式分享给大家。如果有员工的孩子身体不适，同事之间也会相互帮助。

此外我还听说，这位社长从不做让员工感到心凉的生意和不走心的电话推销，反而会花三十分钟，甚至一个小时去倾听顾客来电。

---

① 学习院大学：位于日本东京丰岛区的一所知名私立大学。——译注

秋山"喜欢"上了这位社长，于是毅然辞去化妆品公司的工作，进入那位社长的保健食品公司。秋山先生在这家公司工作十年，最终成了董事，但此时他又想开始新的挑战，于是便辞去保健食品公司的工作。

后来，他又"喜欢"上了在福冈偶遇的制鞋人。

那位制鞋人会从客人一进门就开始观察客人的走路方式，尽量站在客人的立场上，为客人推荐最合适的鞋——听说秋山就是被对方这种极致的商业哲学吸引了。

这样的商业风格与冲绳的保健食品公司社长异曲同工——打交道时，不仅把顾客看作顾客，更要看作一个"人"。

虽然秋山从没做过鞋，但他还是下决心拜师学艺。渐渐地，他学会了手艺，就在冲绳开了一家鞋店。

现在，秋山不仅和保健食品公司社长、制鞋人都保持着良好的关系，而且也成了深受当地顾客喜欢的经营管理者。

关注不起眼的"英雄们"

秋山是个沉默寡言的人，和他在东京的大学同学以及一起入职化妆品公司的同事都不一样，他既不参加"不同行业交流会"，也不拓展公司内的人际网络。

据说他是那种不擅长和人交谈的类型，看到那些出现在东京商业杂志上的"明星职员"，他会觉得恐惧。

但即便性格如此，秋山还是自信地说："不论今后住在哪里，从事什么工作，我都有做下去的信心。"

秋山进入社会的十几年里，始终在喜欢的地方从事着喜欢的工作。我问他这到底有什么秘诀，他回答说："我没有战略性地规划过自己的人生以及之后的职业，我只是被眼前有魅力的人打动了。"

冲绳的保健食品公司社长也好，福冈遇到的制鞋人也好，甚至秋山自己也一样，他们或许不够耀眼，登不上商业杂志，但他们每个人都是不起眼的英雄。

如果能像秋山一样，和"喜欢的人"深入接触、注重精准社交的话，最终也一定会成就自己独一无二的事业。

优势①自由设计职业

遇到合得来、感觉对的人就跳槽

不断地与精准结交的人一起共事

☞ **PINPOINT**

优势②
新项目顺利进行

寻找能打破"不成文规定"的人

精准社交法则的第二个优势是，可以使新项目顺利进行。

首先，请允许我谈一谈我在斯坦福留学时偶遇的已故经济学家青木昌彦教授的研究。青木教授被公认为是日本的首位诺贝尔经济学奖候选人。

遗憾的是教授已经去世了，但在教授晚年时，我曾有幸在大学里和他进行过交流。教授的研究课题之一是"制度"。

终身雇佣制和日本的主银行制度为何存在？又为什么能一直保持不变？青木教授关注的正是这些制度背后的"默认规则"。

比如终身雇佣制，即员工可以在同一个公司一直工作到退休，在日本大企业中这是一种很常见的制度。

这并不是有人强制规定的。

虽然没有被写进官方文件，但在过去，那些在大企业里工作的员工都盲目地相信"公司不会开除我"，而公司也专断地认定"员工对公司忠诚的话，可以让他一直工作到退休"。

公司和员工之间存在着一种"默契"，后来这种"默契"开始扎根，逐渐转变成了制度。这便是"制度"的本质。

然而，青木教授指出，**如果出现了一个"变革者"，他觉得现在的规定太过时了，于是采取了不同的方式，并推**

出了新的规定，那么此时这种默契就会瓦解。 其结果是，新的项目开始启动，组织结构也可能发生变化。

1997 年，山一证券的破产打破了"大企业神话"。

在我的印象中，这件事之后，从"终身雇佣制的游戏"中退出的人越来越多。如果在职员工不打算在一家公司工作一辈子的话，那么公司也不得不相应地对此进行考虑，进而改变人事制度和工作内容。

因此，无论是员工还是经营者，当双方都以"员工随时都会辞职"为前提时，制度也就从根本上发生了变化。随后，员工们也会转变思想意识和工作方式，业务的运作方式也就随之改变。

世上既有所谓的"默契"，也有毫无根据的"潜规则"。只是这二者都极其脆弱，一旦有了裂痕便会分崩离析。

注意到规定过时的人、轻易跳出组织框架的人，青木教授将之称为"越境者"。

《赫芬顿邮报》也是这样。团队在进行工作时，那些有可能成为"越境者"的人的发言，常常会受到关注。

如果没有这样的人，也就失去了开展新企划或新项目的契机，失去了重新审视组织结构的机会，这样一来，企业就无法在当今世界生存了。

另外，"越境者"也很有可能不在组织内，如此一来，寻找"越境者"就会变得很困难，因为"越境者"不再是那些有醒目头衔的人或是在媒体上常常见到的名人。

以我的经验，"越境者"往往是那些身边的熟人，抑或是按照现有的标准无法"筛选"到的人。

在这种情况下，使用精准社交法则，以"自己好像喜欢上这个人了"的标准去衡量，可能更有效果。

头衔、他人的评价或了不起的经历，都是"大脑思考的标准"，而喜欢则是"用心感受的标准"。

后者可以多方面、更准确地找出"隐藏的越境者"。

找到喜欢的人后，再开展新项目

下面向您介绍因为和"越境者"精准结交，而开展新项目的例子。

之前，有人向我介绍说"有个有趣的人"——四十岁的独立视频导演克里斯·托费尔·拉格·库兰茨（音译）。克里斯出生于瑞典，会说瑞典语、英语、日语、葡萄牙语、西班牙语五国语言。

视频是被网络媒体界最为重视的技术手段之一。作为网络媒体主编，因为工作关系，我也认识几位会做视频的专业人士，不过克里斯并非动画界的名人。

我有时候会懒得见陌生人。因为还要对这个人进行调查、准备企划书等等，这样的事前准备很辛苦。

不过，如果是我信得过的"喜欢的人"介绍的，我就会不假思索地去见面。和谈话内容或头衔没关系，只要是喜欢的人说"想让你见个人"，在他提出的瞬间，我就会点头同意。

即便是和那个人不投缘，以后不见就好了。而且，回答得快，也会提高自己在"喜欢的人"那里的信誉，进一步加深彼此之间的关系。

实际上，和克里斯见面后，我和他在"从'独特视角'看待就业、考试等日本社会问题和制度"等方面产生了共鸣。

但是，当时的《赫芬顿邮报》还没有那么多的视频内容，我实在不知道作为视频专家的克里斯能和我们产生怎样的交集。

不过，因为觉得"喜欢"克里斯，所以在那次见面之后，我们一直保持着愉快的交往。

再后来，我们偶然收到了大型网络服务公司"NTT Plala"和"EAST FACTORY"的视频制作委托。在此之前，《赫芬顿邮报》一直是一个以网络报道为主的媒体，但考虑到今后视频新闻的制作有可能会成为新的支柱产业，我当即决定迎接挑战。不必说，我自然也邀请了克里斯做网络视频的监制。

新构想或新项目的开端往往是因为某个人。

所以我认为，**不是想好做什么以后再去雇人，而是因为结识了想在一起工作的人，才开始工作**——这便是促进新项目成功的秘诀。

首先要以"精准社交法则"为基础，这一切才会发生。

通过精准社交法则结识"越境者"，充分发挥其独特视角

多亏克里斯加入了视频制作团队，我们才能引入"新观点"。

比如之前设计网络节目的演播室时，克里斯发现设计方案的初稿很花哨，就叫停了设计方案。

克里斯说："日本电视的新闻节目总是进行得很慌乱啊。我想做一个大家可以从容交流的节目。与其设计一个演播室，不如营造一种像去某人家里做客一样轻松的氛围来。"

克里斯不仅对 BBC 和 CNN 等英美国家的新闻节目进行了调查，还调查了瑞典、巴西、挪威的节目，为我们提供了许多国外演播室的设计参考。

因为设计案的初稿很有未来感，乍一看很酷，所以我挺喜欢的。

但是，克里斯说他想重做。参考了他的意见后，最终完成的设计方案参见下一页的照片。新的设计方案没有了新闻节目特有的严肃刻板，取而代之的是一种轻松的座谈氛围，使主持人可以和嘉宾们在演播室里愉快地谈话。

《赫芬顿邮报》是在美国纽约诞生的媒体，"国际视角"是其特点之一。《赫芬顿邮报》自然有会说英语的成员，当然也很擅长报道诸如"美国总统选举"这类的新闻。

但是，直到遇见克里斯后，我才发现我们在不知不觉间具备了"美式国际视角"。

在此次设计演播室的过程中，克里斯不仅调查了美国的相关案例，还有北欧和南美的，这些调查很大程度地开阔了我们的眼界。

采用新视角改变设计

没有新闻节目的严肃刻板，主持人可以和嘉宾
愉快畅谈的演播室

从小白到专家，
去正视没有答案的问题

现代社会瞬息万变。就拿视频来说，一些重要技术的更新换代真是太快了。

由于智能手机的出现，过去以电视为中心的视频观看方式已经发生了改变，越来越多的人开始用手机观看视频。既有在推特等社交平台看三十秒短视频的人，也有喜欢睡前在 YouTube 上看二十分钟左右长视频的人，还有喜欢看超长的将棋[①]比赛直播的人。

未来 5G 技术将逐步普及，大量的视频数据将以更快的速度传输，这样一来，用手机看电影或大型纪录片的人也会越来越多吧。

如今对于《赫芬顿邮报》来说，视频是很重要的一部分。但是，克里斯出身于电视行业，他对于网络视频或手机视频的制作是有技术盲点的。其实，比他能力强的人有很多。

---

① 将棋：又称日本象棋，一种流行于日本的棋盘游戏。　　——译注

尽管如此，我们在用人方面考虑的重要前提依旧是"喜欢这个人"。

在今后的社会中，我们必须面对堆积成山的所谓"没有答案的问题"。**如果没有可以依靠的"专家"，就需要自己从零开始成为"专家"。**为此，只能通过建立"精准人脉"，和喜欢的人一起，不断去挑战。

当然，因为这是工作，所以我们每天都会产生一些小分歧。有时我也难免因为工作，和克里斯发生激烈的争执。

但最后，只要你和这个人在一起觉得舒适，只要你信赖他，那就没有无法逾越的困难。

优势②新项目顺利进行

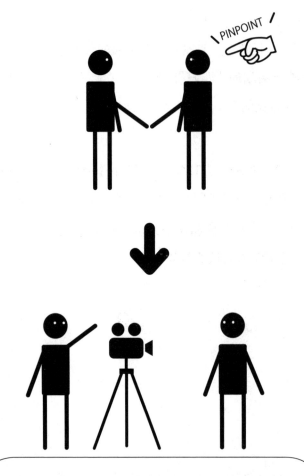

和想要一起工作的人精准结交后，一起开展新事业

PINPOINT

优势③
改变组织结构

结交一个人，
便可从内部改变组织结构

精准社交法则的第三个优势是可以改变组织结构。

我想谈谈与同在一个组织的"喜欢的人"建立"精准人际关系"，从而一起改变公司的具体方法。

如今的日本，一切组织的改革都迫在眉睫，其中不仅包括公司、公寓管理工会、同好会，还包括孩子们上的各类学校。

人口减少，日本经济长期停滞不前。即使是过去人人向往的大企业，如今也不断爆出丑闻和裁员的消息，就连学校也存在一个根本性问题——我们真的需要家长会吗? 从 2020 年开始实行的新高考制度，将不仅仅考查学生的知识储备，还要通过考试选拔能够独立思考的人才。

所有的组织如果不做出改变的话，将无法生存。这是一个残酷的时代。

但是，这一切说起来容易，真正去改变一个组织却不是那么简单的事。

如果是由普通员工去推动改变，不仅要说服上司、拉拢同事，而且还可能必须要针对董事做一个企划书。而且有时候，如果不从根本上改变人事制度或预算体系的话，简直寸步难行。

在这种情况下，员工可能在采取实际行动之前，就已经感到绝望了。而且在试图说服众人的过程中，自己也会感到备受打击、心力交瘁。

当然了，我也一样。在生活中，我并不是个能说会道的人。我很清楚自己不是一个称职的领导者，我连和部下一起吃午饭、一起喝酒都做不到。

就像前几天，时隔一年，我再次邀请一个部下一起吃午饭，他却说"我还以为要说什么大事呢"，这让我震惊不已。

对于这样一个我来说，"改变组织结构"是很有难度的。我觉得这需要和全公司的人建立深厚的人际关系，还不得不做一些惊天动地的事。这对于腼腆内向的人来说，简直太难了。

但事实上，只要找到哪怕一个"喜欢的人"，比如像我一样虽然有些内向但是内心满怀热情的人，组织也会发生改变。

如果公司里没有志同道合的人，就先自己独立思考

我曾经采访过一位四十岁出头、住在东京市内的F先生。

F先生以前是销售员，就职于一家网页制作公司，这家公司的员工有二百多人。公司之前的营业额一直稳步上升，可突然有一天业绩陷入了低迷。

原因是，公司咨询项目的需求锐减。

这家公司不仅为大型生产商制作网页，也为客户公司提供全套网络战略咨询服务，即在网页制作完成后，也会针对如何吸引顾客、如何在网络上增强企业的品牌影响力等问题为客户出谋划策，是一个利润很高的"热门"行业。

但是，随着网络的普及，客户公司内部掌握网络知识的人越来越多。慢慢地，这些公司就不再需要外部的建议了。于是F先生的公司只得下调咨询项目的价格，即便如此，还是有客户终止了合作。

这时，社长急忙任命 F 先生为"新业务开发事业部部长"，想要通过开拓新业务，来拯救公司低迷的现状。

可惜，彼时的 F 先生孤立无援。当时的公司，按不同领域一共划分为五个事业部，每个事业部都有一个部长，他们的年龄普遍在四五十岁左右。对于三十岁出头就被破格提拔为部长的 F 先生，很多人都心生嫉妒，所以 F 先生一时在公司里找不到可以配合自己的人。

而且，说是"新业务"，但到底该怎么做，F 先生也没有一点头绪。他一度郁郁寡欢，不爱和任何人说话。

但是 F 先生并没有过于慌乱，而是一个人仔细、认真地进行了思考。

越是在困境中，人越容易手忙脚乱，但是 F 先生**鼓起勇气，利用每个闲暇时间一个人进行独立、认真的思考。**

愁闷的 F 先生注意到了一件事：的确，在日本企业中，掌握网络知识的人变多了，公司也可以独立制定网络推广战略。但是，在制作网页的过程中，那些"踏踏实实的基础性工作"也是很重要的。网页一旦建成，就需要不断地更新文章、替换小的广告图标，需要监控网页是否发生错误。但问题是，谁也不愿意做这些"幕后"工作。倘若放着不管，这些"幕后"问题必将会成为大的隐患。

于是，F先生果断放弃了公司的咨询项目，他想把承接这种"幕后"工作作为新的业务。

在核算经费后，F先生发现在这项业务中，成本主要来自人力费用，而且产生的利润比其他业务更高。在调查了市场需求后，他还发现，这项业务的市场需求，是花哨的咨询项目的好几倍，许多公司都因为网络安全检查而苦恼。

那时的公司正处于营业额下滑的危机中，各事业部部长开始互相推卸责任，背地里说彼此的坏话："我没错""因为他们部门没好好干，公司才会这样的"。开酒会时，大家也总是以回忆"公司以前好的时候"来结束聚会，连一个解决办法也提不出来。

在这种情况下，无论F先生如何向公司的领导申明想要开展新的"幕后"业务，都会被一口回绝，他们说："不想做那么没水准的业务。"

F先生向我回忆了当时的情况。

"无论我怎么用数据证明'幕后'业务真的很好，也没一个人愿意做。我不是个八面玲珑的人，在公司里也没什么志同道合的人，那时候真的很孤单。"

庆幸的是，一个比 F 先生早入职两年的前辈注意到了 F 先生的困境，问他："你说'幕后'业务真的是那么好吗？给我看看数据。"这位前辈看了数据之后，对这项业务的"高回报率"很是吃惊，便对 F 先生说："我帮你。"

对可能成为同伴的人不断地高调"示爱"

F 先生到现在还是一样，依旧没什么朋友，依旧不擅长参加行业间的交流会，和陌生人见面还是会不自在。比起许多人在一起吵吵闹闹，他更喜欢独处。F 先生就是这样一个内向的人。

不过，他和同他价值观一致、同样喜欢"用数字思考"

的前辈关系很好。

F先生说，虽然没有和前辈在一起工作过，两人也不是同一部门，但就是"莫名地投缘"。听说他们经常一起吃饭、一起聊天，不善与人交往的F先生，唯独和前辈的关系一直很好。

F先生与这位向他搭话的前辈一起开始了工作。在真正点燃组织改革之火之前，他们留出了足够多的充电时间，积蓄热量——做好准备工作，这是关键。

当业绩下滑时，公司里消极的想法便会泛滥，决策也容易因此变得保守。害怕失败，渐渐也就不敢去挑战新事物、寻找新的解决方案了。

因此，他们两个人把判断"幕后"业务拥有高回报率和广大市场需求的依据写在了纸上，在公司开会或是交流的时候，不断地对上司、同事进行说明。

那样一个不善社交的F先生竟然也说："和前辈一起在公司里游说的话，我就会变成'不一样的自己'。"

F先生还说，因为当时公司内气氛比较沉重，所以碰钉子、被冷遇的情况也是常事。但是，因为有前辈理解自

己，让自己足够安心，因此连自己也没想到自己会那么有
积极性。

和同伴一起点燃星星之火，
组织就会有所行动

两个人就这样在公司里拼命地游说，终于，公司的气
氛慢慢地转变了。就像在严冬的森林中，有人擦燃了一
根火柴，瞬间燃起了熊熊火焰，周围的人终于感觉到了
"温暖"。

F 先生和几个来帮忙的人，一起尝试性地开展了"幕
后"业务，结果客户的反响很好，也产生了营业额。而且，
一直持反对意见的事业部部长也跳槽了。

公司里的气氛开始转变，其他部门的员工也对工作上
心起来，开始思考新的业务、新的思路，公司业绩也有了
起色。

无论社长多么威严地向员工们强调"创新对公司是多么的重要"，即使在晨会上或用公司的邮箱对全体员工发号施令，组织结构也不会轻易地发生改变。

但是，就算是普通员工，只要和通过精准社交法则结交的人一起，以饱满的热情不断努力，也能很大程度地改变组织结构。

后来，F 先生和妻子一起创业，他们经营着一家小公司。"和少数人一起工作"，似乎更适合 F 先生。

F 先生离职的公司，后来的业绩不断上升，最终实现了上市，成长为年销售额约 100 亿日元的大企业了。那时和他一起推进新业务的前辈也成了公司董事。但在我看来，使公司转衰为盛的功臣，既不是英明的经营者，也不是能干的销售员，而是不善言辞的 F 先生。

内向的人能够客观地看待问题

F 先生的成功在于，他很清楚"懂数字"的自己喜欢什么样的人。

心里拥有自己的定义，明确知道自己喜欢什么样的人，这一点非常重要。否则就不会遇到喜欢的人，也就无法建立"精准人脉"。

在试图改变组织结构的时候，有些人会先从部下或后辈等"好说话"的人开始做工作。不过，站在部下或后辈的立场想一想，或许很多人表面上看起来是在认真听，但如果他们不能理解组织变革的本质，变革就不会取得成功。

改变组织结构时，一定会遇到阻碍，不论改变的"理由"多么合理，其他人也不会马上跟着行动起来。F先生的使命很简单——公司眼看就要倒闭了，必须拓展新业务。理论上来说，这个理由不应该遭到任何人的反对，但人就是这么地不可思议，在充分理解一件事情之前，人们总是会被情感上的逆反心理所左右。

这时，解决问题的武器就不再是理论了，而是取得通过精准社交法则结交的那个人的支持。

F先生在公司里孤立无援的时候，他并没有过度在意，而是一个人不断地认真思考"能提高公司销售额的新业务"。

而且，他既没有随便去找公司里的其他人，也没有不顾一切地采取行动，而是依靠了自己喜欢的前辈。

虽然如今 F 先生已经离职差不多七年了，但他还是会从身为董事的前辈那里接到工作，两人还保持着不错的关系。

不能因为进展不顺利就绝望，也不要因为和上司或同事关系不好而责怪自己，而应该转移注意力，熬过这段时期就好了。

和自己公司的部下或直属上司怎么也合不来，这样的事在任何人身上都有可能发生，这是很正常的。毕竟只和自己喜欢的人一起工作，这样的人是少之又少的，不是吗？

对于那些自认为性格内向的人，或是为公司人际关系而苦恼着的人，与其对他们说"绝对不要放弃"，倒不如说：请你们充满希望。

被大家孤立、感到孤独，这种情况其实是一次机会。你可以在这种时候客观地审视公司的组织状况，这种"外部视角"正是今天的日本所需要的。这时的你，应该在公司里找一找自己"喜欢的人"，哪怕只有一个人也好。

和那个"喜欢的人"一起，先积蓄能量，然后再开始行动，如此，我相信任何公司都一定会发生改变的。

因为精准社交法则拥有改变公司的力量。

优势③改变组织结构

①

弄清自己喜欢的类型，精准结交

②

和"喜欢的人"，一边蓄积能量，一边开始行动

第 **4** 章

实践篇

运用精准社交法则组建团队的三个步骤

同为人类，但生活在过去的人，和生活在当代及未来世界的人，截然不同。

——汉娜·阿伦特[①]《人的条件》

---

① 汉娜·阿伦特：1906—1975，德国犹太人，20世纪思想家、政治理论家之一。著有《极权主义的起源》《人的条件》《精神生活》等。——译注

PINPOINT

步骤①
为了组建团队，
深入了解"喜欢的人"

把成功结交的人打造成一个"团队"

之前我们已经谈到，现代的日本社会正在发生着巨大变化，组织结构也发生了翻转，每个人都可以不受制于头衔职务或公司名称，与他人不断地产生联系。

这样的社交方式已不专属于那些外向、积极的"社交狂人"，对内向的人来说，现在是一个巨大的机会。

在精准社交的时代，我们只需要和自己喜欢的人结交！**直面自己的感情，越清楚自己"喜好"的人，越会在这个时代有所作为，也越容易取得成功。**

在这一章中，我想讲一讲有关精准社交法则的实践方法。

具体如何重新审视自己的内心，找到"喜欢"的人呢？

"就是他！"如何才能如此精准定位找到自己认定的那个人？

最后，我们一边回顾前三章的内容，一边来看看，如何让精准社交法则对自己的工作和生活发挥有益作用、如何能动地将结交的精准人脉升华为自己的专属团队。

组建团队的步骤大致分为以下三点：

深入了解组建团队需要的"喜欢的人"；

维持和"喜欢的人"之间的激情；

剧烈变化时代中的团队组建。

下面，我将逐一展开说明。

"喜欢的人"
就是在旅行中想要联系的那个人

构建精准人际关系最重要的一点，就是要清楚"自己喜欢的人是谁"。在第二章中，我们围绕在斯坦福学到的七条社交法则进行了说明，但其实还有更简单的方法。

最好的办法就是，想一想，当你在旅行中看到优美的景色或经历惊心动魄的事件时，第一个想分享的人是谁。

这里指的是，当你走出家人、朋友、工作等日常交际范围后，依然会想起的那个人。

有人说："因为科技，我们的社会正变得越来越'通畅'。"有了手机什么都可以查到；有了信用卡和交通卡，买东西和出行也都比过去方便得多。

当然，去旅行或是去国外，有了手机，人们的行动也会更加顺畅。不过，当我们不习惯当地的电车、饮食，或是看到了平时见不到的景色时，头脑会变得敏锐，思维也会变得活跃。

也就是说，**在远离"日常安全地带"的旅行中，令你产生难以名状的"同伴意识"的人，就是你"喜欢的人"，也就是精准人际关系中的关键人物。**

旅行回来之后，我都会看一看 LINE 的聊天记录，再次确认谁是我"喜欢的人"。这里需要再次强调，这里的"喜欢"并非恋爱那一类的情感。

无论男女，只要和这个人在一起感到开心，喜欢这个人的生活方式，或者只是和这个人一同呼吸就觉得愉快的话，那么这个人就是你要找的人。

问问对方"最近的 1 万日元都用在了什么地方？"

如果不知道对方的 LINE 等联系方式，"对话"就是你鉴别自己喜欢的人的有效方法。

这时，我会提出所谓的"绝杀问题"。这就像足球比赛中上演的"绝杀传球"一样，我将以"能否回答好这些问题"为参考，明确自己是否能够"喜欢"上对方。

第一个绝杀问题是："你认为 AI（人工智能）会给你的工作和人生带来怎样的改变？"

以我从事的媒体行业为例，我们可以设想，一个由人工智能来记录受访对象的回答，并实时生成报道的时代即将到来。如此一来，记者的工作将被逐步取代。同样，在金融领域，像接待客户或贷款审查这种工作，机器做起来也会更有效率。因此，现在正从事这些工作的人，在今后也将会慢慢被取代。

问这个问题，可以了解对方是否能够抽象地理解自己所从事的工作结构，将来如果我们不能和那样的人一起工作的话，就将会被时代所淘汰，而且我也喜欢能够像这样思索未来的人。

和在社交软件上与对方聊天时一样，对话的重点是要时刻将自己置身在"环境之外"。根据"现在的处境（当下）"去考虑"未来"，从这一点上讲，未来就是"外"。设想未来的自己和去国外旅行这两件事，从某种意义上来说是相似的。

对未来感到不安、焦虑，同时又伴有某种期待；想要和某人在一起，想要和某人一起见证未来，等等。这些都是人们非常清楚的问题。

另一个"绝杀问题"是问对方："你最近的 1 万日元都用在了什么地方？"

1 万日元绝对不是个小数目，如果用来吃饭的话可以吃得很不错，用来买书的话也能买很多本。

对这个问题，我有个熟人回答说："没有比在暑假里花 1 万日元买书更快乐的了。"我觉得这个回答真好。他这个人既不去酒会，也不赌博，甚至都不怎么旅行。对于如何去花辛苦赚来的钱，我认为他的消费观念很自律。

同样的问题，我也问过在工作中结识的放送作家[①]冈伸晃先生。

冈先生的回答是"寿司"。事实上，冈先生花在寿司上

[①] 放送作家：指策划节目、编排节目的人，是写台本的人。但放送作家的工作并不只限于写台本，也承担一部分节目录制工作。　——译注

的钱要比1万日元还多，据说，他每周都要去吃2万日元的高级寿司，这是冈先生的爱好。冈先生说，他的大部分工资都花在了这上面。我觉得自己无论如何也学不来。

不过据说，冈先生认为，和"看拳击比赛"或"看戏剧"等休闲方式相比，"吃高级寿司"并不是多么不合理的消费。在寿司店里不仅可以看到寿司师傅展现娴熟精湛的手艺，还能吃到高级的寿司。他常说："寿司也是一种娱乐方式。"

现在制作寿司的厨师都是三四十岁的年轻人，这些和冈先生年纪相仿的师傅们手拿一把菜刀，做出来的寿司连外国客人都喜欢。冈先生说，看到厨师们做寿司的情景，他会感到很兴奋。

就算是看厨师们切鱼、取出寿司食材这些微小的动作，也是种快乐。清楚自己的喜好，并在自己的喜好上花钱，就会产生深刻的洞察力。

通过询问花钱做了什么，可以发现一个人的本质。

通过一起散步来判断
是否真的"喜欢"

通过提问"绝杀问题"，可以获得很多关于对方的信息。

除此之外，有效的方法还有一起散步。通过散步，你可以清楚地了解对方。

我有时候也会边走边采访受访对象，或者边走边和人谈生意、谈企划方案。

一边配合着步幅节奏和呼吸节奏，一边活动身体，也是一种很好的体验。在散步时，和对方之间的距离感、谈话内容的选择，以及在短时间（散步的话，最长也就十分钟左右的时间）内如何展开对话等等，都是可以用来判断你是否能够喜欢上对方的重要因素。

直接和对方说"一起走走吧"，这或许有点困难，但是，如果在谈判结束后和对方说"我最后还有些话想对您说，咱们一起走到车站吧"，或者在会议进行不下去的时候提议"一起出去走走，然后再进行头脑风暴吧"，都是不错的方法。

请多想一想哪些话有可能成为一起散步的"发话契机"吧。

据说古希腊哲学家亚里士多德也常常一边散步一边讲课。正如"散步判定法"所表现出来的那样，"喜欢"之类的情感，并不是一个人由内而外产生的，而是通过对话的形式在对方和自己"之间"产生的情感。

而且，这种情感要通过身体的交流而非语言才能发现。

今后，人工智能、全球化挑战以及日本人口减少等问题，都是必须通过团队的努力才能克服的。到那时，在你身边，能够和你一起奋斗、惺惺相惜的人是谁呢？他是否能够和你一起并肩作战，同时又保持着适当的距离感？

这样的人很可能会在散步中遇到，这就是散步的妙趣所在。

步骤①深入了解"喜欢的人"

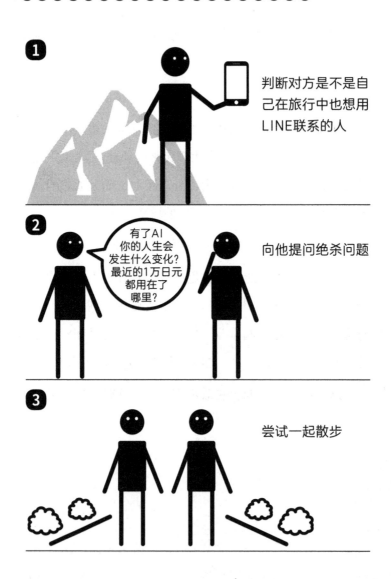

1 判断对方是不是自己在旅行中也想用LINE联系的人

2 向他提问绝杀问题

有了AI你的人生会发生什么变化？最近的1万日元都用在了哪里？

3 尝试一起散步

PINPOINT

步骤②
保持和"喜欢的人"
之间的激情

喜欢的人说话，要转头倾听

如果我喜欢的人在发声，我一定会转过头认真去倾听。

这是在找到喜欢的人之后，组建团队、维持相互关系、加强相互之间感情的有效方法。

这里可以回忆一下我在第三章里提到过的，麻省理工学院媒体研究所的伊藤穰一先生曾经说过："这是一个'地图不如指南针'的时代。"

在这个难以判断方向、变幻莫测的时代，比起事先写满了计划的"地图"，掌握辨别方向的方法、清楚自己的兴趣或做事方法，才会取得更大成功。

虽说如此，但是如果手中只有自己的那个指南针，也有可能会犯错，不论你是个多么敏锐的人。而且，就算你从可靠的领导或下属那里得到了现状分析报告，你的决策或选择也未必会是正确的。

今天的营业额不错，但可能明天的营业额就是零。营业顾问做的市场预测，不过就是把以前的数据整合到了一起而已，可信赖的只有来自你喜欢的那个人的召唤。

喜欢的人发声，我都会转过头认真倾听。我非常重视这个行动原理。"这边的项目正进行得热火朝天""这边有更适合你的工作哦""企业朝这个方向发展更好""这样绝对有意思！就这么干吧""想让你和这个人见个面，你们一定很投缘"等等。

如果喜欢的人说了这些话，我会首先转过头，然后连声说"OK"，甚至连细节都不过问，就会支持对方，并朝着对方指引的方向去调整自己人生或事业的"方向"。

具体细节可以暂缓，但喜欢的人一说话就一定要转向对方，并点头赞同。你不用害怕因此而失败，相反，你一定会有新的发现。同样地，对方也一定会因为你的声援而感到高兴。

让对方喜欢上自己的三个方法

在回应对方的同时，让对方转头面向自己、在意自己，也十分重要。

这种情况下，刚才提到的"绝杀问题"就派上用场了。试着向自己提问"绝杀问题"，可以增加你的个人魅力。问自己"AI将对我的工作带来怎样的改变"及"如果我有1万日元的话会怎么用"。

前些日子，我买了一本很贵的有关现代艺术的书。平时，我会觉得这很浪费；但是书拿到手后，我瞬间觉得和在推特上阅读的感受不一样，纸质书让我在翻看的同时能够不断地思考，这是一种久违的感觉。

我还试着买过价值几千日元的高级橄榄油，水煮西兰花只放盐和这种橄榄油就非常好吃。这真是令我吃惊，没想到橄榄油之间竟也有如此大的差别。

这些都是乍看起来不值一提的小事，但倘若经常在日常生活中尝试这种微小的"变化"，深入思考这些变化背后的意义，那么就会令你在工作的闲聊时间或是吃饭时的对话中充满魅力，对方也会对你产生更大的兴趣，说不定还会给你的工作提出建议。另外，如果可以的话，我还是推荐大家尝试和喜欢的人一起工作。

让对方喜欢上自己的另一要点是"在社交平台上保持活跃"。

现如今，可以在各种平台上表达自己的想法。大家可以把日常生活中的偶然发现，或者工作上的心得等写成文章，发表在这些平台上。除了文字，视频、录音、图片及漫画等形式也都可以。

另外，我也很推荐大家在周末或休息的时候，积极地参加自己感兴趣的活动。

只要报出自己的名字，并提个问题，就一定会被在场的某个人记住。

一个报社熟人，也是我的前辈，每天都读自家报社的报纸。据说这位前辈一看到喜欢的报道，就会在公司内部网站上搜索作者的邮箱地址，联系对方，还一直邀请对方一起喝茶。这成为前辈在公司里找到伙伴、让对方喜欢上自己的契机。

坚持做让对方感到违和的"趣事"

还有一个比上述方法都奏效的方法，就是坚持做有趣的事。在同学会上见到很久没见的高中同学时，也可能会突然觉得那个曾经有趣的他，现在"怎么这么没劲"。

一个人不论拥有多么有魅力的才华，如果不常做有趣的事，他的天性和本能就得不到磨炼，用不了多久，就会被周围的人厌烦。

因此，一定要做有趣的事。

对我而言，所谓有趣的事，就是那些"让人感到违和的事"。

所谓违和感，可以有喜有怒，可以是惴惴不安，也可以是因为口不择言造成的不快。总之，如果能让对方觉得和平时不一样，是自己生活中没有过的感受，对方就会认为你是一个"有趣的人"。

先前提到的喜欢寿司的放送作家冈先生，他曾邀请三位寿司厨师在新宿举办了一场私人寿司交流活动。

一般来说，提起举办活动，被邀请的都是创业者或明星，像这种手艺人参加的活动很少见。我也参加了这次的活动。因为大家都是沉默寡言的厨师，所以现场并没有我们在电视上能够看到的那种叮叮当当、热火朝天的感觉，只有单手握着菜刀高谈寿司论的厨师。那次活动就创造出了一个"违和感＝有趣"的活动空间。

越具有"违和感"，越能在他人心目中产生具有积极意义的吸引力。

不依靠酒精也能维持人际关系

接下来要说的重点是，不要依靠酒精来维持人际关系。

常会听到关系亲密的朋友、公司同事或客户说"下次一起去喝一杯吧"。但是，对于维持精准人脉来说，这并不是一个有效手段。

我自己也喜欢喝酒，刚入职做记者的时候，在九州常喝一种叫芋烧酎①的烧酒。不过，酒这东西有利有弊。喝酒后，即使谈话没热烈到一定程度，也会给人一种彼此已经"十分亲密"的错觉。

本书主张的"精准社交法则"，本身就是非常依靠直觉的方法，是不需要依靠酒精也可以感到"和这个人在一起很开心啊"，从而和喜欢的人结交的方法。

当然，该喝酒的时候还是可以好好享受。不过，在今后建立人际关系时，不完全依靠酒精才是上策。

---

① 芋烧酎：烧酎是日本九州的酒种，源于古代中国蒸馏酒的技术。
——译注

邀请对方一起参加活动，在保持彼此间激情的同时加深对对方的了解

现在，几乎每天都有各种各样有趣的活动。

社交平台上一发布举办活动的相关信息，我就会马上进行验证并将活动内容发送到自己的邮箱。不仅如此，看到张贴在市民游泳池或餐厅里的有关活动的海报，我也会记在笔记本上。

现代社会，可以通过网络工作及共享信息，因此，相比虚拟的网络空间，人与人直接集结在一起的活动更具有价值。音乐会或音乐节之所以会流行，也是这个原因。

当然，不是所有记下来的活动我都会去。如果其中有感兴趣的活动，我会邀请想要结交的同事、朋友、工作伙伴一起去。

在活动中，我会观察对方对于活动内容的反应，看他们怎样表达自己的意见。或者，在互动答疑的环节中，如果有人举手进行提问，也能通过问题发现提问者的另一面，从而进一步缩短彼此间的距离。

如今的很多活动信息都会迅速在博客或报道中出现，人们就能了解到活动的相关内容。

但是，通过共享"只有置身现场才能体会"的气氛，包括现场观众的热情和发言人的表情等等，可以保持你和对方之间的密切关系。

尤其是在工作上，必须要了解对方的"思路"。

假设在一次活动中，有一位企业家在演讲时说到"失败是成功之母"。同去的人，是会说"还真是这样，以后再多的失败我也不会怕"，还是会说"我不同意，没有比避免失败更好的了，人做生意应该更有计划性"，这些感想会在进行新企划的时候，成为双方如何开展合作的参考。

另外，通过对方的话语，你也可以知道对方是一个"率真、接受能力强的人"，还是一个"善于批判的、有主见的人"，从而了解对方的"本性"。

制造"人际关系爆发期"，
尝试改变内向的自己

如果只是遵从自己的本心，与意气相投的人交往的话，有时，可能会致使自己的人际关系陷入"停滞状态"。

这么说似乎与之前的说法相矛盾。

首先，性格内向、只和自己"喜欢的人"交往，这是非常重要的。

不过，有时我也会特意在生活中制造一段"人际关系爆发期"，**突破自己的极限，尝试在一定时间内与大量的人接触。**

之前，我在蓝瓶子咖啡的六本木分店邀请了四百余名读者，连续举办了五天的赫芬顿编辑部咖啡招待活动。

活动举办期间，我每天都站在店门外面对蜂拥而至的人们，在体能允许的前提下去接触他们。活动过程中，会有人说"下次做这个企划吧"，或是"我想刊登这样的广告"，也有人委托我们"采访某个有趣的人"。

对于他们的每一个问题，我都做了认真的回答。

我的个人社交账号上也收到了大量的留言。

那时，我正处于"人际关系爆发期"。我拼命回复这些消息，有时会花上一两个小时。回复完毕后，我常常累得筋疲力尽，甚至到了不喝威士忌就无法入眠的程度。

当然，如果每次都这么做，不仅人会感到疲劳，也会使自己和所谓的"社交高手"沦为同类。

所以，这只是"暂时性的强心剂"。

内向的人在短时间内变得"外向"，这么做不仅能够打造新的人际关系，也是一个重新审视自己的契机。

在"人际关系爆发期"，会收到很多企划和会面请求，当然了，不可能每一个都能落到实处。有的时候，因为时间不合适或是对方失去了热情、情况发生变化等等，企划也就没有了下文。

当然，我认为对于重要提案，努力做最大程度的调整是最重要的，否则就是失职。

虽然这么说可能会招致误解，但还是恕我直言，即使和很多人接触，还是要只认真对待那些具有强烈意愿的负责人的提案就好，这才是最重要的，不是吗？

直播平台 SHOWROOM 的社长前田裕二先生，曾在自己的畅销书《笔记的魔力》中写到，livedoor 原社长堀江贵文先生和幻冬舍的编辑箕轮厚介先生，两人的共同特点是会关注眼前的趣事并加以实现，采取"自下而上的倒置式"工作方式。

前田社长则与他们完全相反。前田社长是先制订计划或确定目标，再展开行动，也就是"自上而下"的类型。听说前田社长在 SHOWROOM 成立之初，因为"几年内销售额要达到多少"的目标，而断绝了与人的交往，他在 UBS 证券工作时也是如此。

但是，听说最近前田社长也逐渐向"自下而上"的方式转变。前田社长在书中表示，这都是因为"社会发生了变化"。

因为当今社会，比起金钱，依靠彼此内心的共鸣或他人帮助实现的"价值经济"逐渐兴起。如果还是从目标出发，倒过来、机械地处理工作，"会很没有人情味，很难找到与自己共鸣的人"。

就算意识到了组织结构的"倒三角形"变化，就算和喜欢的人一直保持着交往，某些方面依然会有僵化的风险。

那样一来，不仅自己的事业会变成"自上而下式"，人际关系也会在不知不觉间失去光彩。

请大家有意识地去制造"人脉爆发期"，不断更新自己的人脉。

也为内向人士策划活动

其实在蓝瓶子咖啡举办的活动，是为了庆祝《赫芬顿邮报》日本版成立五周年。说起来，我实在是不擅长在酒店举办那种有许多人参加的大型活动。

之所以在这种咖啡厅举办活动，是因为我想用和其他媒体们不一样的方式，来向读者和相关人士表示感谢。我和公司里负责宣传的德田匡志先生一起策划了这次的活动。

我们致力于举办一个没有嘉宾也没有主题的活动。在活动上，大家能喝喝咖啡、聊聊天就可以，这是为了让那些觉得自己内向的人也能参加。

来参加的人当中，有的人是自己一个人来的，喝了杯咖啡，和我聊了三言两语就走了；也有看完书就走的大学生；还有用智能手机拍了照片，安静地发推特、写感想的公司职员。

虽然来了很多人，但是我们并没有刻意地主动和大家搭话。因为我希望大家能默默地按照自己的想法，在想来的时间来，也能在想走的时间走。

活动非常成功。无论是独自前来享受咖啡的人，还是和有缘人聊天的人，都度过了一段属于自己的时间。一位居住在千叶县、从事销售工作的三十多岁的女性，拜托丈夫去保育园接孩子，自己来参加活动。她说丈夫在外资金融机构工作，平时很少照顾孩子。但是当自己问他"我能否去参加《赫芬顿邮报》的这个活动"的时候，丈夫竟很爽快地说"可以啊"。

一直以来，她对丈夫都很客气，没有让他帮自己照顾小孩，但这次她鼓起勇气说出了自己的请求。活动当天，这位女性只是和我交换了名片，这些事都是她后来通过邮件告诉我的。

许多活动都会打出一个宏大的主题，像是"工作方式改革"或"人工智能和经济"之类的，并会花费很长的时间在之后的交流会中。

但每个人的想法不同，并非每个人都想像"社交狂人"一样，大张旗鼓地与人交往。

作为媒体，我想在今后也尽可能地为大家举办类似咖啡招待这样的活动。请您也一定邀请上自己想要精准结交的人一起来参加吧。

保持和"自己喜欢的人"之间的激情

- 喜欢的人说话，一定要转头面向对方

- 向自己提问绝杀问题

- 持续在社交媒体上保持活跃

- 持续做有违和感的趣事

- 不依赖酒精

- 尝试邀请对方参加活动

- 制造"人际关系爆发期"

- 为内向人士策划活动

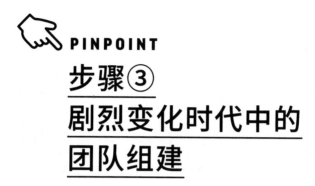

步骤③
剧烈变化时代中的
团队组建

面前的问题不要只靠个人，
而要靠团队一起去克服

确定自己喜欢的人，与之成功交往、保持相互之间的激情之后，必须把这些精准人际关系组建成团队。

但是，在我介绍"团队组建的方法"之前，大家需要思考一下，团队在当今社会存在的必要性。

为了得出答案，我们必须再一次认识到，我们正处于一个瞬息万变的时代。

可能有点离题，但我还是想从一个宏观的角度来分析当前的社会形势。

曾经的经济大国日本，如今已被中国赶超。

由各成员国共同分摊的联合国预算，即"各国分摊比例"，根据 2019—2021 年的数据显示，中国升至第二，日本跌至第三。而在此之前，日本自苏联解体后一直稳居第二。

此外，今后会有越来越多的外国人来到日本就业，AI 的普及也会给产业带来巨大冲击。据牛津大学的迈克尔·A. 奥斯本副教授预测，"未来十到二十年间最有可能被机器取代的职业"当中，美国有近一半的职业上榜。

银行融资主管、房地产中介、餐厅接待员、律师助手、酒店前台等等，这些我们生活中司空见惯的工作，都有被取代的风险。

不仅如此，过去依靠"地域"维持的关系也逐渐瓦解。

在做朝日新闻社记者的约 10 年间里，我曾在宫崎、佐贺、北九州等地居住过，出去采访时会路过新潟和关西等地。在这些地方，关张的店铺随处可见。

由于人口减少，不仅很多小学停办了，商店、游乐场，甚至传统的庆典活动也越来越少，大部分的人都集中到了城市中心，因此，人们无法再依靠"区域伙伴"关系了。

"家人"和"亲戚"关系也是如此。随着核心家庭①的发展，家庭的概念变得越来越小。如今，双职工家庭也越发普遍。像动漫《海螺小姐》中，"上班的爸爸"和"身为主妇的妈妈"这种"昭和时代的典型家庭"，也在慢慢消失。

人不可能一个人生活，这是事实。但是国家、企业、地域、家庭等将能依靠的"伙伴"聚集起来的区域共同体，正不断地消失、衰退。我们能做的是什么呢？

我们能做的，就是通过精准社交法则，组建只属于自己的团队。

---

① 核心家庭：由夫妻和未婚子女组成的家庭。　　　　——译注

和"喜欢的人"建立金钱关系，
组建专业"团队"

到目前为止，本书一直以人的内心世界为主要内容，并没有对工作中最重要的"钱"进行任何说明。

然而，为了和通过精准社交法则结交的人保持关系，为了在工作上做出更好的成绩，"金钱"上的往来是不可或缺的。

因为我们通过支付报酬或工资，第一次把"喜欢的人"组成了专业"团队"。

内向的人和他人一起组建团队，乍一看似乎有些自相矛盾、难度很高，但实际上并非如此。只要采用一些方法，谁都可以组建优秀的团队。

我担任《赫芬顿邮报》的主编后，对雇佣制度做了一些调整。根据人们不同的生活方式，比如一周上班两天的人，把编辑部当成临时办公室、给我们公司投稿的自由作家，或者以几个月为单位承包项目的人等等，一口气增加了许多不同的合同种类。

当然，在和本人进行商量后，对于想要成为正式员工的人，我们也会反复探讨，尽可能地满足大家。

和"喜欢的人"结交，果断地和对方签完合同后，就把公司的业务交给他们做吧。

如果你去问公司的人事部门，应该会了解到各种各样的雇佣制度。年薪制劳动合同、业务委托合同、实习生劳动合同等，我想应该有很多没有得到充分利用而尘封的合同吧。

过去，像这种经营者根据公司的经营情况，单方面缔结或解除合同的非正规雇佣形式，在某种意义上也是对雇佣制度的"滥用"。不过如今，副业和自由职业者早已司空见惯，只要双方达成一致，这些雇佣形式也可以被灵活地应用起来。

发生金钱往来时，会产生"委托"和"交付"这两种新型关系。其中出现的"截止日期"，会稍微影响双方之间的友好氛围，造成一种严肃的关系。

当然，因为截止日期既有可能导致彼此关系破裂，也有可能加深彼此之间的信赖程度，所以在委托工作时，必须向对方传达准确的消息，把自己期望的成果告诉对方。

如果接受工作的一方有不明白的地方也一定要问，一定要遵守双方约定的"截止日期"。

大家可能觉得我说的都是再理所当然不过的事了，但是在这个基本的"委托"和"交付"关系中产生的紧张感，最能奠定一个优秀团队的基础。

向同公司的人或是认识许多年的朋友委托工作时，紧张的感觉总会有所放松，显得更随意些。

日本企业中，有的公司为了能顺利推进工作，会故意缓解这种紧张感。当然，也常常听说在一些集团公司或分公司的领导中，有人给员工出难题、给脸色的，这就是之前提到的僵化组织里面的陋习。

如果和自己感觉"合得来"的人建立金钱关系，会产生什么变化呢？

这些人可能会不遵守截止日期，或是喜欢找借口，不按时完成工作。

当然，也有与上述情况完全相反的人。有人不仅能在截止日期前完成工作，而且能根据我们的指示做出超预期的商品或企划。

甚至有时你会发现，一些人在接受工作后，会把自己的生活方式考虑进去，重新制订工作日程。

这些都没问题！这时你只须听从自己的内心，如果觉得这个人好，那就相信自己的直觉。即便有了金钱的往来，你们之间的关系也不会破裂，反而会进一步加深。

如果在这个过程中，羁绊加深了，大家就会像公司里的老员工一样，变得更团结，工作效率也会成倍提高。

金钱，是把"个人"之间的联系升华为团队的调味剂。

给聊天群起一个令人印象深刻的名字

通过金钱关系建立起团队后，就开始交流，开展工作吧。

交流的方式有很多，但是在这里推荐给大家一个简单的方法，就是利用社交软件上的聊天功能组建一个群。

举个例子。

高尾见 ① 先生今年二十多岁，他曾侨居加拿大，创立了一家新兴的视频制作公司。我们在和他的公司进行商谈时，就发生了这样一件事。

《赫芬顿邮报》曾经写过许多支持 Women's Empowerment（妇女赋权）的报道，于是我便想通过视频的形式来传递这种想法。

因此，我们与高尾见先生商谈，请他为我们制作这样的视频。在商谈中，我使用了之前讲到过的技巧，认为他就是我要找的那个人，于是我听从了自己的内心。

《赫芬顿邮报》的女性编辑和男性编辑，以及高尾见公司的女性工作人员，都参加了商谈。在商谈中，大家就反映社会性别差距的"性别差距指数"进行了探讨。日本的"性别差距指数"极低，世界排名 110 名。日本的女性政治家及女性官员很少，女性管理者在职率也较其他发达国家低得多。

包括高尾见先生在内，大家围绕这些问题展开了讨论，

---

① 此处日文原文为假名，"真树"是译者中文译过来的名字。

——译注。

思考女性社会地位的不平等，也就是重新审视以男性为中心的社会。

我自己也有这样的体会。在育儿的同时还要二十四小时不停地工作，这真的太难了。但是当下的社会却要求人们持续这种工作强度。大家进行了激烈的讨论，认为是时候重新审视这种高强度、男性化的工作方式了。

在大家坦诚地交流的时候，我跳出工作框架，稍稍延长了谈话时间，说了些与工作无关的话题，把交流推向了更深的层次。

另外，我也会在商谈时准备些点心，大家常常一边吃东西一边交流。

和高尾见先生商谈时，大家吃的是"豆沙水果凉粉"，这是从我在神田工作时常去的点心店里采购的，于是我就给这次的商谈起名叫"豆沙水果凉粉之会"。商谈结束后，还把我们在社交平台上的群名也设置成了这个。

现在，利用社交平台的群聊功能，谁都可以给群组起一个喜欢的名字。虽然现在的这个名字比较孩子气，但是不叫"妇女赋权视频制作项目群"等生硬的名字，也是有理由的。通过奇特的群组名称，大家无论何时，都能一看见群名就马上想起一起商谈时的激情和感触等"纯粹的感情"。

前面提到过的散步的话题，包括一起去吃东西等在内的各种"非语言交流"，都会催生团队意识，这对于在日后工作中重拾工作初心是非常重要的。

保持联系，分享细微的感受

建完聊天群之后，就要活跃群里的气氛，也就是我在第一章中提到的，要不断"高速地交换信息"。

在上述的工作群里，我会给高尾见先生发一些我喜欢的广告视频或新闻视频。不论是坐电车还是在街上散步，只要想起来，就会拿出手机给他发消息。

这样做，不仅可以和对方分享自己对于喜爱视频的感受，也可以通过对方的反应去了解对方的喜好。

在与我们合作的过程中，为了项目宣传和增加受众数量，高尾见先生为我们制作了面向推特用户的视频，还做了留言类短视频。就算是在赫芬顿，也没有几位自媒体时代的视频专家，因此，高尾见先生担任了非常重要的工作。

在科技高速发展的今天，如果不能尽快催生出新的产业，就会跟不上时代的脚步。比如制作视频的人才，在电视台就能找到很多，也有很多自由业者在从事视频制作。

但是，观众们观看视频的"阵地"已经从电视、电影院转移到了手机，因此我们需要的视频技术也在不断地改变。虽然高尾见先生并没有在电视台工作的经验，但他非常擅长手机视频的制作和编辑。

在面向手机用户这一新的群体进行生产创作时，我们现在还缺少相应的必要的人才。

像这种，把个人结交的人招进公司，再组成团队开展工作的方式，有利于大家把握新的商机，开展新的业务。

在笔记本上画一个只属于自己的 "团队结构图"

形成团队后，推荐大家在笔记本上画一个团队组织结构图。

就像公司里的"组织结构图"一样，尝试设计一些只属于自己的工作部门，用图片来说明这个由个人人脉发展而来的团队。

但是和公司的"组织结构图"不同的是，你的团队成员并没有"一个固定的角色"。

如果有公司组织结构图的话，你可以简单看一看，上面有"营业部""人事部""总务部""经营企划部""商品开发部"等各种部门。虽然我们能大致知道什么部门负责什么工作，但其实有些部门的人，你也没怎么打过交道吧。

诸如"我们部门这么努力，那个部门的人却那么散漫"或者"就是因为有他们，公司才没什么起色"等负面情绪也可能会在公司里出现。在"个体"可以充分发挥自己作用的社会里，公司的组织结构却看起来有些僵化。

把通过精准社交建立起联系的伙伴们留在那样一个"部门"里工作，是非常可惜的事情。

请大家先把笔记本拿出来，在上面写上你的伙伴的名字。先写出七个人就可以。

然后，在名字旁边画三个大圆圈，可以用不同的颜色。

拿我自己来举例，首先写"竹下隆一郎"，然后在名字周围分别用绿色、蓝色、紫色画三个圆圈，这都是我喜欢的颜色。

接着，用"××能力"的形式在圆圈里写下自己擅长的事。我的话就是"写作能力""策划能力""英语能力"；如果是小A，就写"谈判能力""临场能力""视频制作能力"；小B是"数据分析能力""英语能力""吃货能力"。就算你觉得自己写的"××能力"有些奇怪，也不必纠结于此。

写完之后，就可以更全面立体地把握自己团队的情况了。 不要做成那种有固定角色的公司组织结构图，而是要结合自己的精准人脉去写。

工作时、开展某些项目时，以及举办某些活动时，都要看看这张"专属于你的团队结构图"，这样你一定能够萌生出自己的想法。比如，小A和小C有很多共同点啊、下次就以小B为中心进行项目吧，等等。

这个结构图的使用场合并不仅限于项目或活动，任何时候都可以用。比如用自己的零花钱开一个小活动或简单地举办一次聚餐时，你也可以根据结构图去考虑，这样会减少很多烦恼。有时，甚至会出现一些意想不到的组合。

所以，请适时地不断更新结构图中"××能力"的相关内容。

比如之前一直以为小A擅长某一领域，但实际上并非如此，或者某个能力现在已经落后于时代了，又或者反过来，以前某人不具备"活动组织能力"，但现在具备了。这些情况都是可能的。

在个人能力不断增强的现代社会中，时常提升自己的技能是我们生活中的习惯。

画一个结构图来把这些精准人际关系整合成一个团队，靠团队的力量来战胜这个瞬息万变的时代吧。

做好和"喜欢的人"说再见的思想准备

世间的相逢或离别，都是寻常事。

用结构图整理你的精准人际关系

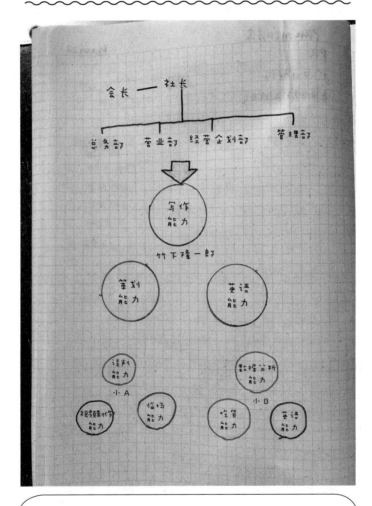

用结构图把精准人际关系整合成团队

最后要讲的或许和之前所讲的内容有些矛盾，我想告诉大家的是，你和通过精准社交法则结识的人，也可能会慢慢变得没那么投缘，或是不能再在一起工作了。

这并不是什么悲伤的事。因为无论是多么亲密的人，最后都会以"死亡"的方式永别。区别不过是在于，这次的分别是在生命的终点还是人生的途中。

有一个我不便透露姓名的男士，他曾经是我非常信赖的工作伙伴，现在已经音信全无。

他为了改变媒体行业，不断地挑战新事物——我想他现在一定还是那么能干。我和他之间曾经发生过激烈的争执。

我这个人不善言辞，如果对方有什么我不喜欢的地方，我不会直说，而是拐弯抹角地说，结果反而伤害了对方。

在我看来，他变得越来越保守。他常说"Yes，but"这种话，比如"这是个不错的想法，但现在还为时尚早"或"再等等吧"之类的。

最后不知为什么，我在心理上变得越来越不能接受他，甚至连他手表的颜色都不喜欢。

那时的我有许多不成熟的地方，他也有很多做得不好的地方。

在这种时候，彼此之间的妥协和退让是很重要的。

可我们就像磁铁的南北两极，无论如何也不能相容。

若你们之间也是如此，那就分开吧。这样的话，你还可以期待下一次相遇。

这种做法或许看上去有些冷漠，但在这样一个"个人能力爆发的社会"中，我认为这是每个人不得不接受的宿命。

即便是通过精准社交法则结交的喜欢的人，彼此也有可能变得合不来。

如果到了这种时候，请不要忘记，你可以选择做好思想准备和对方说再见。提前考虑到这种伤感的结果，也是深入了解精准社交法则的关键。

后 记

说实话，即使是现在，我也不知道到底应不应该写下这本书。

我非常担心有人会把精准社交理解成减少交流的人数，或者是区别待人。

作为一个拥有大量读者群的媒体的主编，"请只和喜欢的人交往"这种言论会使我被大家误解，从而给我今后的采访及商业往来带来负面影响。

即便如此，我仍然决定写下本书，因为我认为，作为媒体，最重要的事就是思考当下社会的"人际关联"，这也是我每天思考的问题。

和有限的"同伴们"挤在一个狭窄的空间里，都会互相疏远对方。自不必说还要相互交往了，有时甚至会互相仇恨。

不可否认，日本有一些网络右翼等"特殊组织"在煽动分裂，但他们只是社会上很小的一部分。比起这个，我看到的情况是，许多地区，家庭和职场在慢慢变得离散，在这个过程中，剩下的个人便处于格外孤单的境地。因此，人们对于工作方式和生存方式的考虑也愈发多样化，价值观不同的人也越来越多。我感觉人和人之间并没有割裂疏远，而是形成了无数的小团体。身处这样的时代，人们还能相互关联吗？

日本在明治时期之后，将全国各地的藩统一，建立了一个集权国家。为了统一国家，某种程度上利用了天皇制，形成了扭曲的民族主义。

虽然在战败后进行了反思，但在那之后的日本的发展变化，其实也是集团主义的反映。大家背着同样的书包，在同一间教室，上同样的课，然后同时毕业，同时开始求职。即便是就职以后，以年功序列制和终身雇佣制为特征的大企业文化，仍然是另一种集团主义的形式体现。

后来，泡沫经济破灭，互联网登上历史舞台，个人能力开始受到重视。所谓的"稳定的上班族的印象"也荡然无存。虽然这个过程花费了整个平成时代的三十年时间，但至少人们开始意识到了这个问题。重视副业和自由职业就是这种意识的一种体现。

利用网络，即使一个人在家里也能工作。利用小小的笔记本电脑或手机，我们便掌握了过去人们不曾拥有的信息掌控能力。通过网络，金钱的往来也变得更加简单便捷起来。

个人能力不断增强，能做的事不断增多。"一个人也能活着""疏远点不也挺好的嘛""组织什么的没有也可以""集团主义的日本社会终于开始崩溃啦""孤独万岁！"——"内向的"我们很容易会这么想。但最后，我们还是会发现，其实一个人是没法生活的，人们总是会突然意识到那些理所当然，同时又非常重要的事情。

我是无法一个人生活的，所以便"随便"结交了各种各样的人。

就拿早上起床为例。早饭是米饭、纳豆、煎鸡蛋，大米是九州的，制作纳豆的大豆产自北海道，煎鸡蛋是在便利店买的。通过一个煎鸡蛋，我会和便利店里的工作人员、送货的卡车司机等各种各样的人产生联系。

吃完饭我会看看手机。公司的人发来了 Slack，我和部下的早晨就这样联系在了一起。有时我也会打开社交软件看一看。和毕业后二十年没见的高中同学们相互联系，建了群，计划我们的久别重逢。我也会不断阅读脸书上的消息。

我的个人信息也会通过各种各样的网络服务，被用于某地的某个企业的市场调查或是今后战略宣传的数据吧。想不到，在这方面也能和他人产生联系。

美国本部的员工有时也会给我发邮件。那时，我正在刷牙，准备去公司上班。在电车里，为了给本部回邮件，我会使用谷歌学术写资料——

无论如何我们都会与他人相互关联。

当然，人都是独自出生、独自奔赴死亡的。

所以，人们都会在内心的某个地方，生成想要离群索居的想法，不是吗？

但是无论如何，我们都还是会和他人产生联系。

"无论如何都会和他人产生联系"这件事所带来的恐惧

感和不可思议的感觉，使我感受到了一丝愉快和兴奋。想要一个人自由自在地生活，但只要你不是逃遁到森林中过自给自足的生活，就还是会与他人产生关联。

在这个互联的时代，我想要思考所谓的关联到底是什么。

和被动联系的人际关系不同，我想建立自己喜欢的人际关系。跳出自己的生活圈，去发现陌生人身上潜藏的魅力，然后和他们一起工作或者做项目。

即使你是个孤僻的人，也不用害怕。要适时地鼓起勇气前进。

要相信自己喜欢某人这一情感和直觉。

我就是抱着这样的想法写下了这本书。

这虽然是一个关于个人的课题，但是作为当今的媒体人，我感觉到，为人们创建交流平台也是我们的重大使命。

今后，我们将继续努力，通过《赫芬顿邮报》日本版发布的报道和视频，或是我们在城市中举办的活动，为读者朋友们创造更多相互交流的契机。

而且不是集团主义，也不是处于游离状态的个人，而是一种新的团队"关联"。

我也希望这本书将成为这样的一个交流契机。

《赫芬顿邮报》日本版主编

竹下隆一郎

2019 年 4 月